KB037108

정의를 찾는 소녀

생각하는 시민을 위한 정치우화

정의를 찾는 소녀

유범상 지음 | 유기훈 그림

마북

각자가 주장하는 정의가 존재한다.

여러 이념과 정당들의 정의는 서로 다르다.

따라서 정의들이 존재한다.

수많은 정의들 중에서 진정한 정의는 어떤 것일까?

한눈에 보는 등장 동물

새미 호기심 많은 다람쥐 소녀이다. 마을에 난 수해를 복구하는 과정에서 주민들 간에 갈등이 일어나는 것을 보고, 모두를 만족시킬 수 있는 정의를 찾아 나선다.

미카엘라 요정 오즈의 마을 숲 한가운데에 산다. 악마에 맞서 싸우는 지혜롭고 용맹한 대천사라는 사실만 알려졌을 뿐, 실제 어떤 존재인지 베일에 싸여 있다.

유토피아

코뿔소 건장한 체격에 지혜까지 갖추었다. 각자 능력에 맞는 역할을 맡아 이를 충실히 수행하는 것에 관심이 많다.

표범 평등한 이상 사회를 꿈꾼다. 사유재산에 대해 비판적이다.

윤리 공동체

사슴 고고하고 윤리적이다. '하얀 거짓말'은 없다고 생각한다.

너구리 효용을 중시하는 현실주의자이다. 필요하다면 거짓말을 할 수도 있다고 생각한다.

자유 공동체

고양이 시장에서의 경쟁과 동물들의 이기심에 관심이 많다.

하이에나 프리패스가 있는 놀이동산을 운영한다.
개인의 자유를 매우 중요하게 생각한다.

로직(여우) 하이에나와 함께 놀이동산을 운영한다.
국가가 개인의 자유를 침해하는 것에 대해 비판적이다.

기린 눈가리개를 쓰고 있다. 공정한 게임 규칙을
만드는 것을 중요시한다.

거위 공동체를 중요하게 생각하며,
주민 교육에 관심이 많다.

평등 공동체

고릴라 아버지와 같은 자애로운 맘으로
공장을 운영한다.

시베리안 허스키 평등을 중요하게 생각하고,
실천을 강조한다.

사자 시베리안 허스키의 영향을 받아 집단농장을 만들고 운영한다.

비버 함께 잘사는 세상을 위해 고민하고 다양한 시도를 한다.

차례

여는 장

오즈의 마을

다람쥐 소녀의 의문

오즈의 마을에 여덟 살짜리 다람쥐 소녀가 살고 있었다.
숲속 깊이 자리 잡은 이 마을은 봄이면 사방에 꽃이
만발했다. 소녀는 마을에서 인품 좋기로 소문난 부모님과
장애를 지닌 어린 동생과 함께 살았다. 소녀에게 한 가지
불만이 있다면 부모님이 동생에게 더 많은 관심을 쏟고
있다는 점이다.
소녀는 집에서 꽤 멀리 떨어진 아름드리 떡갈나무에 올라
책을 읽곤 했다. 책을 읽을수록 세상에 대한 호기심은
커져만 갔다.

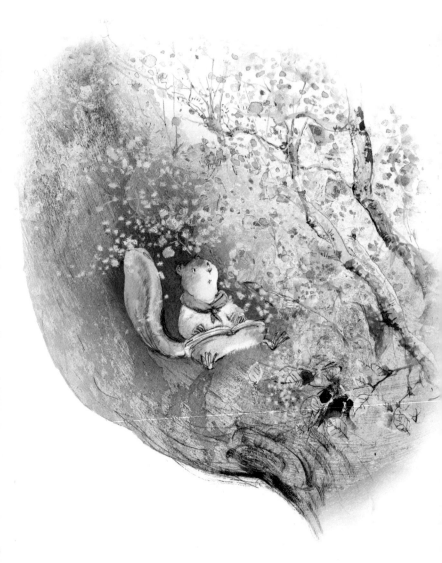

'이 아름다운 세상은 어떻게 만들어졌을까?'
'숲 너머 저편에는 어떤 세상이 펼쳐져 있을까?'
'이렇게 아름다운 세상에서 동물들은 왜 서로를 헐뜯으며 싸우기만 할까?'

다람쥐 소녀는 한번 생각에 빠지면 밤이 깊어지는 것도 몰랐다. 날이 어두워지면 부모님이 소녀를 데리러 오곤 했다. 소녀는 엄마 품에 누워서도 질문을 쏟아 냈다. 엄마는 호기심 많은 소녀가 대견했지만, 소녀의 질문에 일일이 답하기는 쉽지 않았다. 그럴 때면 엄마는 오즈의 요정이 답을 알고 있으니 좀 더 크면 그가 살고 있다는 깊은 숲속에 함께 가 보자고 말하곤 했다.

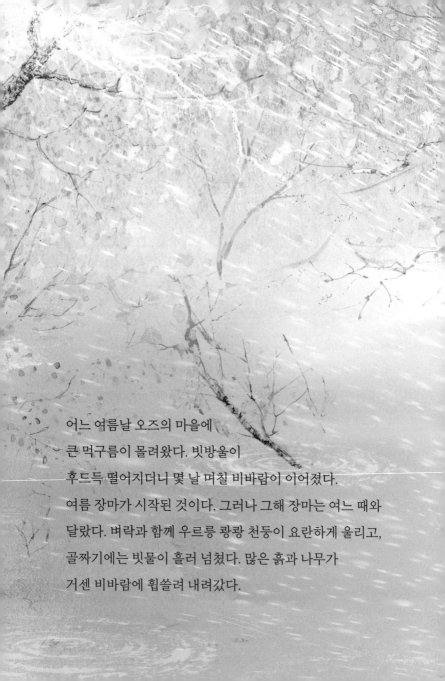

어느 여름날 오즈의 마을에
큰 먹구름이 몰려왔다. 빗방울이
후드득 떨어지더니 몇 날 며칠 비바람이 이어졌다.
여름 장마가 시작된 것이다. 그러나 그해 장마는 여느 때와
달랐다. 벼락과 함께 우르릉 쾅쾅 천둥이 요란하게 울리고,
골짜기에는 빗물이 흘러 넘쳤다. 많은 흙과 나무가
거센 비바람에 휩쓸려 내려갔다.

땅속 깊은 곳에 있는 소녀의 집도 이제 안전하지 않았다.
창고에 물이 차서 식량이 젖기 시작하자 부모님은 동생을
친척 집에 보내 당분간 보살펴 달라고 부탁했다. 얼마 후
부모님은 마을 제방을 쌓아야겠다며 집을 나섰다. 그러나
며칠 밤이 지나도록 부모님은 돌아오지 않았다. 다람쥐
소녀는 마을 입구까지 나가 기다렸지만 부모님을 만날 수
없었다.

드디어 비바람이 멎었다. 다람쥐 소녀는 부모님을 찾아 마을
이곳저곳을 다녔다. 장마가 훑고 지나간 마을은 엉망이 되어
있었다. 동물들은 먹을 것을 찾기 바빴고, 여기저기에서
싸움도 벌어졌다. 물건 값은 가파르게 올랐다. 예전에는
쉽게 구할 수 있었던 도토리도 이젠 찾기 어려웠고,
있다 한들 너무 비싸서 살 엄두도 못 낼 지경이었다.
마을 회의가 어렵게 소집되었다. 다람쥐 소녀는 부모님
소식을 들을 수 있을까 싶어 나무 위로 올라가 마을 회의를
지켜보았다. 먼저 배고픈 돼지 아저씨가 말했다.

"꿀꿀. 이렇게 오래 굶어 본 적은 처음입니다.
일부 동물들이 사재기를 해서 식료품을 구할 수가 없어요.
음식 값은 어떻고요. 최소 스무 배나 올라 많은 동물들이
굶고 있습니다. 우리 힘으로는 어려움을 해결할 수 없어요.
이웃 마을에 도움을 청해야 합니다."

여기저기에서 고개를 끄덕였다. 이때 두더지가 말했다.

"땅속 마을도 엉망이 되었어요. 집은 무너지고 창고에 있던
식량도 사라져 당장 먹고살 걱정을 해야 해요. 하지만
크고 튼튼한 창고를 가진 동물들은 걱정이 없어요. 아뇨,
걱정은커녕 오히려 높은 이자를 받고 식량을 빌려주며 돈을
벌고 있어요."

두더지와 동물들은 일제히 여우를 쳐다보았다.
마을에서 제일 부자인 여우는 모르는 척 딴청을 피웠다.
두더지가 울분에 차 외쳤다.

"돈 있는 동물들도 재난 극복에 함께해야 합니다!"

동물들이 술렁거렸다. 여우는 동물들의 반응에 당황한 듯
보였다. 심호흡을 하고 조심스럽게 말했다.

"저도 너무 슬픕니다. 우리 마을이 빨리 재건될 수 있도록
필요하다면 저도 기부를 해서 힘을 보탤 것입니다."

여우의 말에 동물들은 '이게 웬일이람' 하는 표정으로
여우를 바라봤다. 여우는 호흡을 가다듬고 다시 말을 이어
갔다.

"모두들 마을을 재건해야 하는 것에 동의할 것입니다.
그런데 재건 방법은 근본적인 방법과 미봉책이 있습니다.
미봉책은 돈 있는 동물이 자선을 베풀고, 이웃 마을에
원조를 요구하는 것입니다. 그러나 이것은 빚이나
다름없어요. 언젠가 갚아야 할 빚. 그리고 이웃 마을에서
그냥 도와주겠습니까? 이것을 빌미로 우리 마을에 자기들
물건을 팔려고 할 것입니다."

동물들이 뜨악한 표정으로 쳐다보았다.
'그러면 그렇지. 지가 여우지!'
여우는 분위기에 아랑곳하지 않고 말을 이어 갔다.

"더 큰 문제가 있습니다. 만약 부자들과 이웃 마을이
도와준다면 우리는 일시적으로 먹을 것을 얻을 수는
있습니다. 하지만 형편없이 질이 나쁜 음식을 잠깐 얻는
것에 불과해요. 원조를 할 때 좋은 것을 주겠어요? 그리고
우리를 불쌍하게 쳐다보면서 우습게 생각할 것입니다."

듣고 보니 그럴듯했다. 이웃 마을에서 오즈의 마을 동물들을
거지 취급할지도 모른다. 동요하는 동물들을 보면서 여우는
확신을 얻은 듯 더 강하게 말했다.

"가장 큰 문제는 원조를 받으면 시장이 돌아가지 않을
거라는 점입니다. 반면 그대로 놔두면, 지금 우리 마을의
물건 값이 높기 때문에 많은 상인들이 물건을 팔려고 우리
마을로 몰려들 것입니다. 다양하고 질 좋은 물건들이
마을에 들어오겠죠. 그러면 곧 물건 값이 내려가고 시장이
되살아나서 경제가 성장할 것입니다. 이것이 근본적인
대안입니다. 그러니 조금만 더 고통을 참아 봅시다."

동물들이 또다시 술렁거렸다. 여우의 말대로, 당장의 고통을
피하겠다고 외부의 도움을 받는다면 마을의 경제가 이웃
마을에 종속될 것 같았다. 동물들도 스스로 노력하기보다는
의존하는 버릇이 생길 것 같았다. 이때 팔랑귀인 돼지가
말했다.

"여우님의 말을 들으니 조금 더 참는 게 낫겠어요.
지금까지도 버텼는데, 더 못할 것이 무엇입니까.
저는 마을의 지속 가능한 경제를 원해요."

먹을 것이라면 자다가도 벌떡 일어나는 돼지가 배고픔을
참겠다니! 다른 동물들도 놀라서 다시 생각해 보는
분위기였다. 호기심 많은 다람쥐 소녀는 부모님을 찾아야
한다는 목적도 잊고 동물들의 논쟁에 빠져들었다.

'동물들이 당장 굶어 죽는 마당에, 여우의 말은 과연 옳은
것일까?'

하지만 어쩌면 여우가 자기 이익만이 아니라 공동체의
미래를 진심으로 걱정해서 그렇게 말했는지도 모른다는
생각도 들었다. 머리가 복잡했다. 골똘히 생각하던 다람쥐
소녀는 동물들이 모두 돌아간 후에야 날이 어두워졌다는
것을 깨달았다. 다람쥐 소녀는 일단 집으로 돌아왔다.
하지만 궁금증을 견딜 수가 없었다. 엄마가 이야기했던
오즈의 요정이라면 무엇이 옳은지 알려 줄지도 모른다는
생각이 들었다.
'어쩌면 엄마 아빠가 계신 곳도 알려 줄지 몰라. 내일 요정을
찾아가 보자.'

요정의 부탁

설렘으로 잠을 자는 둥 마는 둥 한 다람쥐 소녀는 이른
아침부터 부지런히 짐을 챙겼다. 혹시 몰라 문 앞에
부모님께 드리는 편지를 써 두었다.

'엄마 아빠, 저는 오즈의 요정을 만나러 가요. 엄마 아빠가
어디 계신지 물어보려고요. 그리고 혼란에 빠진 우리 마을이
어떻게 하면 평화로워질 수 있는지 방법도 알아보려고요.
혹시 그사이에 돌아오신다면 저를 너무 걱정하진 마세요.
저도 이제 어엿한 초등학생인걸요.
엄마 아빠를 사랑하는 딸 올림.'

요정을 찾아가는 길에 두더지 할아버지를 만났다.

"소식은 들었다. 힘들지? 부모님을 찾으러 가니?"
"숲 한가운데 살고 있는 오즈의 요정을 만나러 가요."
"왜?"
"궁금증을 풀고 부모님 계신 곳도 알아보려고요."

자초지종을 다 들은 두더지 할아버지는 다람쥐 소녀를
대견하게 여기면서도 위험하다면서 말렸다.

"위험하니 집에서 기다리렴. 그 사이 부모님이 돌아오실지도
모르잖니?"
"할아버지, 벌써 며칠째 부모님 소식이 없어요. 그리고
마을은 혼란에 빠져 있고요. 굶어 죽는 동물들이 있는데도
외부 도움을 받으면 안 된다고만 해요. 제가 얼른 요정에게
물어보고 답을 갖고 올게요."

다람쥐 소녀의 결심이 확고하다는 것을 눈치챈 두더지
할아버지는 그제야 요정에 대해 아는 바를 말해 주었다.
두더지 할아버지 말에 따르면 요정의 이름은 미카엘라이다.

미카엘라는 온갖 악마에 맞서 싸우는 대천사인데,
숲 한가운데 산다고만 알려져 있을 뿐 아무도 만난 적이
없다고 한다. 빛이 어스름한 새벽녘에 올빼미가 멀리서
요정을 보았는데, 머리에 검은 띠를 두르고 있었다고 한다.
이야기를 듣고 나니 다람쥐 소녀의 호기심이 더욱 커졌다.

몇 개의 산봉우리를 지났는지 모르겠다. 밤에 잠을 자다
뱀에게 잡아먹힐 뻔도 했다. 덩굴 속을 헤매다 상처투성이가
되기도 했다. 포기할까도 생각했지만, 그러기에는 다람쥐
소녀의 호기심이 너무 컸다. 게다가 마을을 위한 사명감
같은 것도 생겼다.
그러던 어느 날 멀리 오래된 성이 보였다. 기괴하면서도
신비로운 기운이 감도는 성이었다. 주위의 큰 나무에 올라
성을 살피고 또 살폈다. 용기를 내어 성문 앞에 조심스럽게
다가서는데, 이게 웬일인가.
'끼익!'
큰 소리를 내면서 성문이 저절로 열렸다. 그리고 그 안에는
검은색 융단이 펼쳐져 있었다.

조심스레 들어가니 두더지 할아버지의 말처럼 머리띠를
두른 여인이 서 있었다.

"안녕! 만나서 반가워. 용감하고 호기심 많은 오즈의 소녀!
내 이름은 미카엘라야!"
"어, 어떻게 제가 오즈의 마을에서 왔는지 알았어요?"

"다 아는 수가 있단다."
"제 이름은 새미예요. 호기심이 많고 꾀가 샘솟듯 하라고
엄마 아빠가 지어 주셨어요."

새미는 떨리는 마음에 차마 요정의 얼굴을 올려다보지
못하고, 요정의 두 손만 바라보았다. 한쪽 손에는 햇빛에
반사되어 번쩍이는 칼이, 다른 한쪽 손에는 저울이 들려
있었다. 두더지 할아버지한테 들은 그대로였다!
저울이 옳은지 그른지, 죄가 있는지 없는지 판정하는
도구라면, 칼은 판정 결과에 따라 정의롭지 못한 자들에게
벌을 주는 도구였다. 새미는 요정의 엄숙하고 신비로운
분위기에 저도 모르게 경외심이 들었다.
요정이 말했다.

"가까이 오렴!"

요정이 새미의 상처를 어루만지자, 상처가 아물고 아픔이
사라지는 느낌이 들었다.

"이제 내 얼굴을 보렴."

그제서야 새미는 요정의 얼굴을 보았다. 가까이에서 보니
머리띠라고 생각한 것은 눈가리개였고, 색깔은 검은색이
아니라 자주색이었다. 자주색은 정의를 상징하는 색이니
이해가 되었다. 하지만 눈가리개는? 새미는 용기를 내어
물었다.

"왜 눈을 가렸어요?"
"응, 눈을 뜨고 보면 판단을 하는 데 편견이 생길까 봐.
잘생기고, 돈이 많고, 좋은 차를 타는 동물을 더 좋게 평가할
수 있잖니. 그래서 눈을 가렸어! 나는 경험과 직관으로
판단을 한단다."

새미는 순간 의구심이 생겼다.

'어떻게 보지 않고 판단을 할 수가 있지? 오히려 눈으로 보아야 더 정확한 판단을 할 수 있지 않을까? 요정님의 경험과 직관이 완벽한 기준이 될 수 있을까?'

호기심 많은 새미는 묻지 않을 수 없었다.

"그런데 그 눈가리개는 스스로 쓰셨어요? 아니면….."

요정은 흠칫 놀라는 듯했다. 잠시 생각하더니 요정이 말했다.

"솔직히 말하면 누가 언제 씌웠는지 몰라. 태어날 때부터 이랬으니깐 말이야."

새미의 의심스러워하는 마음을 알아챘는지 요정이 말을 이었다.

"새미야, 사실 나는 보지 못하기 때문에 저울로 제대로 판정하고 있는지 자신이 없단다."

놀라운 고백이었다. 새미는 요정을 만나 마을이 처한 상황과
여우와 동물들의 논쟁을 설명하면서 어떻게 하면 마을이
평화로워질 수 있을지 답을 얻고 싶었다. 그런데 요정의
자신 없는 모습에 적잖게 당황하고 실망했다. 눈을 가리고
있는 요정이 제대로 된 답을 해 줄지 믿음이 가지 않았다.

"눈가리개를 벗을 생각은 없으세요?"

요정은 눈가리개를 벗으면 편견이 생긴다면서
곤혹스러워했다. 새미는 눈가리개를 쓰면 정확한 판단을
하지 못하고, 벗으면 편견이 생기니 어떻게 이 문제를
해결해야 할지 혼란스러웠다. 요정을 만나 해답을
얻기는커녕 의문만 더 생겼다. 이때 요정이 말했다.

"그런데 혼자서 여기엔 왜 왔지?"
"부모님이 계신 곳과 정의를 알고 싶어서요."

요정은 뭔가를 결심한 듯 말했다.

"새미야, 솔직히 정의의 저울을 갖고 있지만 나도 정의의
정확한 기준을 잘 모르겠구나."

그러면서 요정은 정의의 기준을 알 수만 있다면 눈가리개를
벗을 수 있다고 말했다. 그동안 혼자서 마음 고생을 했는지
요정의 눈에선 눈물이 흐르고 있었다. 새미는 진심으로
요정을 도와주고 싶었다.

"어떻게 하면 정의의 기준을 알 수 있을까요?"
"글쎄, 정의를 실현한 마을들이 있지만, 그곳의 철학자들이
생각하는 정의들이 다 다르단다. 모두가 다 인정하는 정의가
있다면 좋으련만!"

이때 새미가 말했다.

"요정님, 제가 마을을 다니면서 모두가 인정하는 진정한
정의를 찾아 올게요!"

결의에 찬 새미의 모습에 요정은 오히려 당황한 듯했다.

"새미야, 말이라도 고맙구나. 그렇지만 너는 너무 어리고,
부모님도 찾아야 하잖니?"

요정은 새미를 말렸다. 그러나 새미의 결심은 확고했다.
그 방법만이 슬퍼하는 요정을 돕고, 마을의 평화도 찾을 수
있는 길이라고 생각했다. 엄마 아빠가 맘에 걸렸지만 자신이
금방 돌아온다면 큰 문제는 없을 것이라고 생각했다.

요정은 새미의 굳은 결심을 말릴 수 없음을 깨달았다.
요정은 새미에게 빨리 돌아올 것을 신신당부하며 무지개를
내주었다. 단, 무지개는 꼭 필요할 때만 타야 한다고
강조했다. 요정은 이제부터 새미를 '무지개 소녀 새미'라고
부르겠다고 했다. 소녀가 희망을 가져다줄 것이라면서.

새미는 성에서 며칠 쉬면서 건강을 회복했다. 쉬는 동안
요정과 많은 이야기를 주고받았다.

"정의는 올바름인데, 무엇이 올바른 것이에요?"

"그건 누구나 올바르다고 인정할 수 있는 합당한 몫을
각자에게 주는 것이지!"

"어떤 기준으로요?"

요정은 새미의 질문을 기다렸다는 듯이 말했다.

"동물 각자가 가진 능력에 따라 줄 수도 있고, 동물들이
원하는 필요에 따라 줄 수도 있지. 열심히 숙제를 해 오고
노력해서 공부를 잘하면 상을 주잖니. 그것이 능력에 따라
주는 것이야. 그런데 동생이 너보다 능력이 부족한데도
엄마는 동생에게 더 많은 것을 주잖니. 왜냐하면 어리고
몸이 불편한 동생이 필요한 것이 더 많으니깐. 이것은
필요에 따라 주는 것이지."

"능력과 필요, 어떤 분배 기준이 옳은 거예요?"

"흠. 솔직히 나도 무엇이 옳은 것인지는 잘 모르겠어.
그것을 네가 알아봐 주지 않겠니?"

"질문이 하나 더 있어요. 능력과 필요 중 어떤 기준을
택할지를 누가 결정하죠?"

요정은 계속되는 새미의 질문에 곤혹스러우면서도 호기심 많은 새미가 사랑스럽게 느껴졌다.

"그것도 모두 네가 알아봐 주지 않겠니?"

새미는 어깨가 무거웠지만 그래도 기분이 좋았다. 호기심을 해소하기 위해 길을 떠나는 것은 설레는 일이었다. 거기에다 무지개를 타고 다닌다니!
새미는 과연 정의를 찾아 요정의 눈가리개를 풀어 주고, 오즈의 마을의 갈등도 해결할 수 있을까?

1부
유토피아

코뿔소의 이상 국가

미카엘라 요정은 새미에게 유토피아 마을 두 곳을 소개해
주었다. 이데아빌리지와 상상빌리지라고 불리는 두 마을은
오랜 명성을 지닌 곳이었다. 요정은 자신의 낙관이 찍힌
통행증과 작은 지갑을 주면서 말했다.

"이걸 가져가거라. 네게 도움이 될 거야. 그리고 부모님이
집에서 기다리실지 모르니 꼭 빨리 돌아와야 한다!"

새미는 아쉽지만 요정과 작별 인사를 나누었다. 그리고
무지개를 타고 요정이 가르쳐 준 대로 주문을 외쳤다.

"빨주노초파남보, 유토피아로! Go. Go. Go!"

무지개는 눈 깜짝할 사이에 새미를 낯선 곳으로 데려갔다.
바로 앞에 팻말이 보였다.

'유토피아에 오신 것을 환영합니다.'

팻말의 왼쪽에는 '상상빌리지', 오른쪽에는 '이데아빌리지'라고 표시되어 있었다. 새미의 가슴이 마구 뛰었다. 먼저 이데아빌리지를 방문하기로 했다. 이데아빌리지를 향해 잠시 걸어가니 멀리 성이 보였고, 성 쪽으로 길이 나 있었다. 그 길에 들어서자 양쪽으로 끝 모를 넓은 벌판이 펼쳐졌다. 그곳에서 두더지, 닭, 양이 땀을 뻘뻘 흘리면서 일을 하고 있었다. 너무 열심히 일을 해서 말을 붙일 수가 없을 정도였다.

가까이 가서 보니 성은 무척 견고하고 화려했다. 그 자체로 위엄이 있었다. 성 주변을 무시무시하게 생긴 셰퍼드들이 지키고 있었다. 셰퍼드들은 성을 지키면서 일하는 동물들을 감시하고 있는 듯 보였다. 정문 앞에 서 있는 셰퍼드가 새미를 보더니 사나운 목소리로 소리쳤다.

"멈춰라! 누구냐?"

새미는 두려운 마음을 애써 감추며 조심스럽게 요정이 준
통행증을 제시했다. 그러자 셰퍼드는 군말 없이 새미를
성 안쪽으로 인도했다. 성 중앙에는 커다란 홀이 있었다.
그리고 그 가운데에는 동그란 건물이 등대처럼 우뚝 솟아
있었다. 건물로 들어서자 '철인의 집무실'이라고 쓰여
있는 큰 방이 보였다. 셰퍼드가 노크를 하자 문이 열리고
은갈색의 여우가 새미를 반겼다. 여우 뒤로 보이는 책장에는
『소쿠리의 변명』, 『트라우마의 변론술』, 『피터의 수학정의』
등 철학책과 수학책이 빼곡히 꽂혀 있고, 책상에는 여우가
방금까지 읽고 있었는지 『프라토의 정의론』이 놓여 있었다.

"소녀야, 네 이야기를 들었다. 정의를 찾아다닌다며?"
"네. 정의를 찾아서 저희 마을을 지키고, 요정님의
눈가리개를 벗겨 드리고 싶어요."

"기특하구나. 그런데 정의에 대한 이론이 궁금하다면 우리
이데아 마을을 설계하고 지금도 여전히 우리를 가르치시는
코뿔소님을 찾아가 보렴. 나도 그분의 제자란다.
착한 소녀에게 행운이 있기를!"

여우가 셰퍼드를 불렀다. 셰퍼드를 따라 중앙 홀을 지나
뒤뜰로 나가니 두 개의 길이 있었다. 각각 아카데미아와
감옥으로 가는 길이었다. 셰퍼드는 새미를 아카데미아로
인도했다.

'유토피아에 웬 감옥이지?'

새미는 호기심이 생겼지만, 우선 이데아빌리지의 설계자인
코뿔소를 만나고 싶어 조용히 뒤따랐다. 잠시 후, 큰 건물에
다다랐다. 그곳에서는 학생들이 체육 활동과 철학 공부를
하고 있었다. 셰퍼드는 건물 맨 꼭대기 층으로 안내했다.
새미는 긴장을 했지만, 호기심은 여전했다. 얼마 후
코뿔소가 위풍당당한 모습으로 나타났다.

"안녕, 꼬마 소녀!"

"코뿔소님, 안녕하세요? 이 마을에 대해 알고 싶어서 왔어요."

"좋아. 여기까지 오는 길에 누구를 만났지?"

"들판에서 열심히 일하는 두더지, 닭, 양을 봤고요,
문 앞에서 비장한 표정을 한 셰퍼드도 만났어요. 그리고
멋진 서재에서 열심히 책을 읽고 있는 여우도 만났어요."

"그들을 본 느낌이 어땠니?"

솔직히 새미는 두더지, 닭, 양을 보면서 안쓰러웠다.
열심히 일한다는 것이 얼마나 힘든지 엄마 아빠를 봐서
잘 알고 있었다. 셰퍼드는 무서웠다. 저렇게까지 무뚝뚝하게
폼을 잡을 필요가 있을까? 제일 좋아 보이는 것은 은갈색
여우였다. 마음껏 책을 읽을 수 있으니 말이다. 그런데 온통
철학책과 수학책만 있어서 재미있을까 싶기도 했다. 새미의
생각을 눈치라도 챈 듯 코뿔소가 미소를 머금고 말했다.

"귀여운 소녀야, 축구를 좋아하니?"
"네!"
"축구에서 중요한 것은 자기 역할에 최선을 다하는 것이야.
만약 골키퍼가 공격에 나선다고 생각해 봐. 또 공격수가
수비만 한다면? 아마 어떤 경기에서도 이기지 못할 거야."

새미는 이데아빌리지에 대해 듣고 싶은데 왜 뜬금없이
축구 이야기를 하는지 궁금했다. 코뿔소가 계속 말했다.

"축구에서 자기가 맡은 역할에 최선을 다하는 것이 중요한 것처럼 국가도 마찬가지란다. 각자의 능력에 따라 적정한 일을 할 때 가장 이상적인 동물의 왕국이 된단다. 일을 잘하는 동물들은 생산자가 되고, 용기가 있고 운동과 싸움을 잘하는 셰퍼드는 수호자 계급인 군인이 되어야 한단다."

"코뿔소님, 선수 못지않게 감독도 중요하지 않아요?"

새미가 아는 척하며 말하자, 코뿔소는 좋은 지적이라면서 국가도 그렇다고 말했다.

"축구에서 감독이 모든 것을 총괄하듯이 국가에서도 감독인 통치자가 중요하단다. 통치자는 공동체의 방향을 제시하는 존재이지. 그런데 이를 위한 능력은 타고난단다. 예를 들어 수학과 철학에 정통하지. 정확함과 공동체에 대한 비전을 가지고 있어야 하거든. 하지만 통치자에게 제일 중요한 덕목은 지혜란다."

새미는 책으로 가득 찬 은갈색 여우의 서재가 떠올랐다.

"저도 통치자가 되고 싶어요!"

코뿔소는 미소를 머금은 채 말했다.

"그러려면 심사 과정을 통과해야 해. 우리 마을의 모든
아이들은 출생 후 국가양육원으로 보내져 길러진단다.
공부에 관심이 없으면 일터로 가고, 운동을 잘하면 군인이
되지. 통치자는 공부도 잘해야 하지만 사심이 없어야
한단다. 부패는 가장 큰 죄거든. 그래서 통치자 그룹에
속하게 되면 사유재산을 가질 수가 없단다. 재물은 물론이고
아내와 자식까지도 공유해야 해! 이처럼 통치자는 철저하게
금욕적인 삶을 살아야 한단다. 그는 공동체의 가장 이상적인
상태, 즉 선의 이데아를 늘 알고 있어야 하거든!"

코뿔소의 말을 듣고 나니 새미는 이데아빌리지에서
통치자가 되고 싶다는 생각이 싹 사라졌다. 철학은
좋아하지만 수학은 싫었고, 젤리며 사탕이며 먹고 싶은 것이
많은데 금욕적이어야 한다니!

"지혜로운 통치자가 되려면 공부도 열심히 해야 하고,
먹고 싶은 것도 참아야 하네요!"

"암, 그렇지!"

"그런데 지혜로운 자가 통치자가 되고 싶지 않으면 어떻게
해요?"

"우매한 자, 즉 자기보다 못한 자의 지배를 받게 되지.
그렇기 때문에 지혜로운 자는 어쩔 수 없이 통치자가 되어야
한단다. 그래야 각자 자신에게 맞는 일을 하는 조화로운
공동체가 실현된단다."

새미는 이데아빌리지가 적성에 따라 역할이 배분되고
각자가 자기 맡은 일을 열심히 하는 조화로운 공동체라는
것을 이해했다. 하지만 뭔가 찜찜했다. 다수의 동물은 늘
힘들게 일해야 하고, 소수만 책을 읽을 수 있다는 것이
좋게만 보이지 않았다.

'이것이 정의로운 것일까? 나는 이데아빌리지에서
코뿔소와 은갈색 여우처럼 높은 계급이 될 수 있을까?'
그러다가 갑자기 뒤뜰의 다른 쪽에 있는 감옥이 생각났다.

"이데아빌리지에서도 감옥이 필요해요?"
"응, 감옥은 이데아빌리지에 반대하는 문학과 음악을
하는 자들을 가두어 두는 곳이란다. 이곳에서는 건강한
동물만 양육하고 결함이 있는 동물은 버리거든. 그래서
감옥은 꼭 필요하단다."

새미는 소름이 돋았다. 자기처럼 호기심이 많은 소녀가 과연
이데아빌리지의 많은 규칙 속에서 자유로울 수 있을까?
장애인 동생도 떠올랐다.
'내 동생에게 이데아빌리지는 감옥이겠구나!
이상 국가라고 하지만 누군가에겐 지옥이겠구나.'
섬뜩한 기분이 들며 어서 그곳을 벗어나고 싶었다.

두 번째 마을_상상빌리지

표범의 유토피아

이데아빌리지를 나서는 새미의 표정은 어두웠다. 많은
동물들이 이데아빌리지를 살기 좋다고 말할지 모르겠지만,
호기심이 많은 자신과 장애를 가진 동생이 그곳에서 산다고
생각하니 끔찍했다.

걷다 보니 어느덧 '상상빌리지'라고 적혀 있는 표지판이
보였다. 이번에는 큰 기대가 생기지 않았다.

이데아빌리지에서 받은 충격 때문이리라!

'그래도 혹시….'

여기까지 온 이상 일단 방문해 보기로 했다.

길을 따라 걸어가니 양쪽으로 동물들이 열심히 일하고
있었다. 물끄러미 쳐다보던 새미는 하마터면 소리를
지를 뻔했다. 셰퍼드를 발견했기 때문이다.

자세히 보니 여우도 있었다. 그런데 그들이 장화를 신고
머리띠를 두른 채 열심히 일하고 있는 것이 아닌가!
이데아빌리지에선 상상조차 할 수 없는 일이었다.
표정도 모두 밝았다. 새미는 가까이에서 일하고 있는
양 아저씨에게 물었다.

"안녕하세요, 아저씨. 더운데 많이 힘드시죠?"
"안녕, 다람쥐 소녀! 힘들지. 하지만 우린 모두가 함께
일하기 때문에 하루 6시간만 일하면 된단다. 오전에 3시간
일하고 2시간 쉬고, 그리고 오후에 3시간 일하면 끝이야."
"와우, 정말 멋있네요. 그런데 셰퍼드님과 여우님도 늘 함께
일해요?"
"그럼. 여긴 아주 소수만 제외하고는 모두 일한단다. 아주
평등하지. 곧 일이 끝나는데, 저녁을 함께 하지 않을래?"

마침 시장기를 느끼던 터라 새미는 기뻐하며 저녁 초대에
응했다. 식사 시간까지 기다리는 동안 마을을 둘러보았다.
마을은 바둑판처럼 잘 정돈되어 있었고, 집들의 크기는 모두
비슷했다. 곳곳에 있는 도서관은 모두 책으로 가득했다.

이때 들판에서 일하던 동물들이 허리를 펴고 움직이기 시작했다. 아직 날이 환하게 밝은 오후 5시인데 벌써 일이 끝난 것이다.

"많이 기다렸지? 우리 식사부터 하자!"

그런데 저녁을 먹으러 양 아저씨의 집으로 갈 줄 알았는데 식당으로 가는 것이 아닌가! 식당에는 이미 많은 동물들이 와 있었다.

"우리는 모두 함께 식사를 한단다. 공동체의 식당이지!"
"모두가 함께 일하고 함께 식사하다니 참 멋져 보여요. 다른 마을에선 상상할 수 없었던 일이에요."
"하하. 더 놀라운 얘기를 해 줄까? 여긴 사유재산이 없단다. 화폐도 없어. 황금 보기를 돌같이 해서 황금으로는 죄수들의 팔찌나 목걸이 등을 만든단다. 모든 동물은 평등하고 종교도 자유롭게 선택할 수 있어! 10년마다 이사를 하는데, 추첨으로 정해진 집에서 산단다."

새미는 이데아빌리지의 엄격한 위계 구조와 비교되는
상상빌리지의 모습에 감탄했다.

"이 마을에서 장애인은 어떻게 살아요?"
"당연히 보호를 받지. 누구도 장애를 가진 동물을 무시하지
않아. 장애인들도 공동체의 당당한 일원으로 살아가지."

새미는 동생을 생각하며 안도의 한숨을 쉬었다. 양 아저씨의
이야기는 계속되었다.

"정치도 민주적으로 이뤄진단다. 농장의 대표를 선출하면
대표들끼리 모여 지도자를 정하거든. 지도자는
종신직이지만, 언제든 민주적으로 교체가 가능하지.
공무원도 30가구당 한 명씩 선발한단다. 상상빌리지에 사는
우리는 모두 평등한 한 가족이란다."

새미는 이야기를 듣느라 저녁을 먹는 둥 마는 둥 했다.
그런데 식사를 일찍 끝낸 동물들은 다시 어딘가에서 모이는
듯했다. 새미가 궁금해하자 양 아저씨가 자랑하듯 말했다.

"이제부터 우리는 독서를 하러 간단다. 여기에서는 모두
교양을 쌓기 위해 공부를 하지. 매일 아침에 강좌가 있어서
누구든 의무적으로 학습을 해야 한단다."

책을 좋아하는 새미는 양 아저씨의 말에 흥분했으나 순간
책 읽기를 싫어하는 동생 생각이 났다.
'동생도 여기가 좋을까?'

이런저런 생각을 하며 식사를 마친 새미는 식판을
반납하러 갔다. 그런데 식당에서 일하는 동물들의 표정이
모두 어두웠다. 급식 준비로 바빠서 아직 식사를 못했기
때문이라고 짐작했다. 식판을 막 반납한 양 아저씨에게
조심스럽게 물었다.

"저분들은 누구예요?"
"응, 노예들이야. 범죄를 저지르거나 외부에서 온
동물들이지. 저들은 가혹하게 다루어야 딴생각을 하지
않는단다."

그 말에 새미는 소름이 돋았다. 새미 자신도 외부인이기
때문이다. 도대체 저들은 어떤 범죄를 저질렀기에
이 유토피아에서마저 지옥 같은 삶을 살고 있는 것일까.
이때 누군가 조심스럽게 다가와서 조용히 속삭였다.

"꼬꼬, 안녕?"

닭 아줌마였다. 그녀는 새미에게 차를 한잔 대접하겠다고
했다. 무언가 할 말이 많은 듯이 보였다.

"우리 마을이 좋아 보이지?"

"네, 정말 환상적이에요. 책을 싫어하는 동생에게는 맘에
안 드는 구석도 있겠지만요."

"그런데 여기 와서 살고 싶다면 조금 더 깊이 생각해
봐야 해."

"저도 알아요. 제가 외부인이라 그런 거죠?"

"응, 그렇지. 그런데 그뿐만 아니라 네가 아이이고 여자라는
사실도 중요해. 이 마을에서 아이와 여자는 무조건 성인
남자에게 복종해야 하거든. 월말과 연말에 부인은 남편에게,
아이는 아버지에게 무릎 꿇고 엎드려서 그간의 모든 잘못을
말하고 용서받아야만 한단다. 그것을 거부하면 노예가 되어
식당에서 일해야 해."

충격적인 말이었다. 닭 아줌마는 주위를 살피더니 더 많은
이야기를 속삭이듯 들려주었다. 이곳은 일부일처제이지만,
여성에게만 많은 것을 참으라고 강요하는 가혹한 가부장제
사회였다. 그리고 이 모든 것을 '킬리만자로'라고 불리는
표범이 기획하고 운영한다고도 알려 주었다.

새미는 전설 속의 킬리만자로를 어렴풋이 알고 있었다.
킬리만자로 산을 외롭게 오르는 표범은 고독한 남자의
고귀한 영혼을 상징하는 동물이었다.

"아!"

새미의 입에서 탄식이 터져 나왔다. 이제 보니 상상빌리지는
마치 킬리만자로의 수도원 같았다.
만약 미카엘라 요정을 이리로 데려온다면? 갑자기 새미는
이 마을이 답답하게 느껴졌다.
'고독한 킬리만자로가 만든 도덕 규칙을 엄격히 지켜야 하고,
아버지나 남편에게 절대적으로 복종해야 하는 가부장제
사회라니!'
충격에 휩싸인 새미에게 닭 아줌마는 더 놀라운 사실을
이야기해 주었다.

"우린 지금 다른 지역으로 이주할 준비를 하고 있어. 여기가
좁아져서 다른 지역에 새 마을을 만들었거든."
"그래요? 새로운 곳이라면 전 늘 호기심이 생겨요."

1부 유토피아 | 표범의 유토피아

"그런데 우리가 이주하려는 지역에 원래 살고 있던
동물들을 강제로 내쫓았단다. 킬리만자로님은 그곳
동물들의 처지는 전혀 생각하지 않는단다. 식민지라고
생각해서 저항하면 모두 감옥으로 보내거나 노예로 삼지."

이건 또 무슨 말이람! 새미는 상상빌리지가 오즈의 마을도
식민지로 만들 수 있다는 생각을 하자 끔찍해졌다.
'빨리 이곳을 벗어나야지! 유토피아라고 해서 모두에게
좋은 곳은 아니구나!'
새미는 닭 아줌마에게 고맙다는 말도 제대로 하지 못하고
서둘러 상상빌리지를 나섰다.

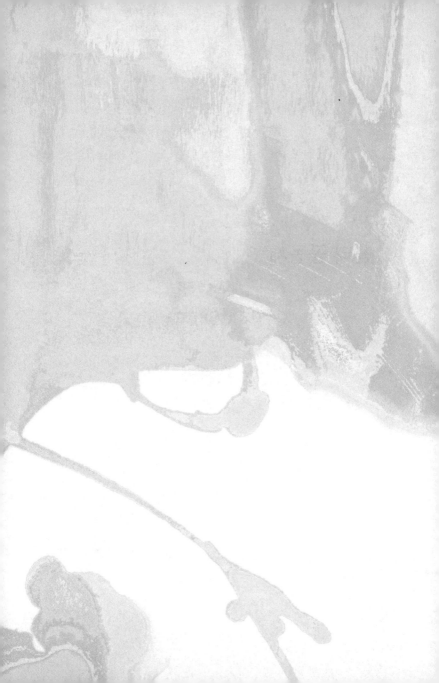

윤리 공동체

사슴의 도덕 법칙

새미는 유토피아 마을에 크게 실망했다.

'유토피아 마을이 이 정도라면 정의의 기준으로 삼을 정의를 찾는 것이 가능할까?'

한숨이 나왔다.

'하지만 벌써 포기할 수는 없지. 내가 누구야? 궁금한 건 꼭 알아내는 호기심 소녀잖아. 게다가 어디든 갈 수 있는 무지개도 있잖아.'

새미는 마음을 다잡았다. 어디로 갈지 고민하던 새미는 얼핏 정의를 실현한 사회에는 훌륭한 윤리가 있다는 이야기를 읽은 것이 생각났다.

'그래, 윤리 공동체로 가는 거야!'

새미는 무지개를 타고 외쳤다.

"빨주노초파남보, 윤리 공동체로! Go. Go. Go!"

순간 공간 이동은 여전히 신기했다. 눈 깜짝할 사이에
새로운 마을에 도착했기 때문이다. 눈앞에 표지판이 보였다.

'윤리 공동체에 오신 것을 환영합니다.'

그 아래에는 '에티켓빌리지'와 '유틸리티빌리지'라고 쓰여
있었다. 새미가 어느 마을을 먼저 갈지 고민하고 있는데,
저 멀리 누군가 나타났다. 사슴이었다. 사슴은 오즈의
마을에서는 만나기 힘든 동물이었다. 긴 목을 세우고
먼 산을 보면서 걷고 있는 모습이 뭔가 슬프고, 고독하고,
고고해 보였다. 그야말로 신비 그 자체였다. 새미는
윤리 공동체뿐 아니라 사슴이 어떤 동물인지도 궁금해졌다.

"안녕하세요. 저는 오즈의 마을에서 온 새미라고 해요.
잠시 길을 여쭤봐도 될까요?"

"말해 보렴."

사슴은 여전히 먼 산을 바라보며 낮지만 힘 있는 목소리로
대답했다.

"저는 에티켓빌리지에 가려고 해요."
"왜지?"
"그 마을에서 정의를 찾으려고요."
"마침 잘됐다. 나도 그 마을로 가는 길인데, 나를 따라오렴."

앞으로 쭉 펼쳐진 길 양옆으로 아름다운 꽃이 만발하고
꽃 주변엔 보라색 나비들이 여유롭게 날고 있었다.
나비들은 사슴의 뿔 주위에서도 너울대고 있었다.
새미는 사슴의 남다른 분위기에 끌렸다. 길 끝에 있다는
에티켓빌리지도 궁금해졌다. 사슴은 빠르지도 느리지도
않은 속도로, 자세도 흐트러뜨리지 않으며 사뿐사뿐
걸어갔다. 호기심과 경외심에 조심스럽게 따라가는데
갑자기 사슴이 말했다.

"그런데 왜 정의를 찾으려고 하니?"
"미카엘라 요정님이 정의를 찾아 오라고 해서요."

갑자기 사슴의 얼굴이 일그러지더니 슬픈 표정이 되었다.
새미는 당황했다. 잠시 후 사슴이 말했다.

"정의를 찾는 너의 동기에 실망했다. 정의는 누구의
부탁이나 어떤 목적을 달성하기 위해 찾는 것이 아니란다.
동물이라면 누구나 올바른 정의에 도달하려는 태도를
가져야 하거든. 나는 그 의무 때문에 정의를 찾아 이렇게
날마다 생각하고 산책하고 있단다."

새미는 사슴의 단호한 태도에 뭔가 큰 잘못을 한 것 같아
쥐구멍이라도 찾고 싶었다. 비록 요정의 부탁을 받긴 했지만
그전부터 정의에 대해 호기심을 갖고 있지 않았던가. 새미가
이 말을 하려는데 갑자기 숲에서 바스락거리는 소리가
나더니 토끼가 황급히 뛰어나왔다.

"살려 주세요. 호랑이가 쫓아와요. 살려 주시면 제가 은혜를
꼭 갚겠습니다."

"은혜를 갚는다고? 나는 대가를 바라고 행동하지 않소.
그런 거라면 다른 동물한테 가서 부탁하시오."

"죄송합니다. 제가 워낙 급해서 실수를 했어요. 조건 없이
살려 주세요."

"내 양심에 따라 숨겨 주겠소. 저 뒤쪽으로 얼른 가시오."

새미는 사슴의 행동에 감동했다. 어떤 대가나 이득을 바라지 않고 옳은 일을 하려는 자신의 의지에 따라 행동하는 사슴이 매우 고고해 보였다.
'나는 엄마가 용돈을 준다는 말에 설거지를 했는데….'
새미가 조심스레 물었다.

"무섭지 않으세요? 호랑이가 나타날지 모르는데."
"나는 내 행위의 결과에 대해 생각하지 않는단다. 내 마음의 소리에 따라 결정을 하지. 내 마음이 내게 속삭였단다. 이 상황에서 누구나 다 그랬을 보편타당한 기준에서 행동하라고. 난 내 마음이 하라는 대로 따랐을 뿐이야."

새미는 감탄했다. 에티켓빌리지에 가면 이런 동물들만 살고 있을 것이라 생각하니 가슴이 뛰었다. 이때 사슴이 새미에게 말했다.

"모든 동물에게는 생각과 품격이 있단다. 이성에 따라
판단하고 행동하려는 의지가 있지."

"아, 네⋯."

갑자기 이야기가 어렵게 느껴졌다. 하지만 생각해 보니
오즈의 마을에서 평상시에는 별생각 없어 보이던 동물들도
토론을 할 때는 자기 생각을 갖고 있지 않았던가. 그리고
공동체의 옳은 결정을 스스로 따르려는 자율적인 의지가
있어 보였다. 새미가 오즈의 마을 이야기를 하려는데,
갑자기 무시무시한 얼굴을 한 호랑이가 나타났다.

"이쪽으로 도망치는 토끼 봤지? 어디로 갔지?"

"저쪽으로 갔소."

사슴이 주저 없이 토끼가 뛰어간 쪽을 가리키는 것이
아닌가? 호랑이는 그쪽으로 빠르게 사라졌다. 새미는 크게
실망했다.

"왜 가르쳐 줬어요? 호랑이가 그렇게 무서웠어요?
토끼가 불쌍하지도 않나요?"
"아니, 우리는 진실만을 말해야 한단다. 그러지 않으면
자꾸 편법을 쓰게 되거든. 선의의 거짓말도 하면 안 된다는
것이 내 원칙이란다."

2부 윤리 공동체 | 사슴의 도덕 법칙

사슴은 조금도 자세를 흐트리지 않고 대답했다.
그리고 덧붙였다.

"내가 제일 싫어하는 말이 '결과적으로'라는 말이다. 결과는
중요하지 않다. 우리는 동기와 마음에서 나오는 의무에
따라야 한단다."

"뭐라고요? 결과적으로 토끼가 죽어도 괜찮아요?"

새미의 목소리가 분노로 떨리고 있었다.
어떻게 해서든 사슴의 생각이 잘못되었다는 것을
알려 주고 싶었다.

"그럼 아들이 교통사고로 죽었을 때, 병환으로 살날이 얼마
남지 않은 노모에게도 그 사실을 알려야 하겠네요?"
"응, 맞아! 우리 동물들은 판단할 능력이 있단다. 숨긴다면
판단의 기준을 동기가 아니라 결과에 두는 것이고, 특히
노모가 생각할 능력이 없다고 무시하는 것이란다."

새미는 크게 실망했다. 아무리 윤리의 법칙이 그렇다고 해도
이건 너무하지 않은가! 갑자기 고고한 사슴이 가식쟁이처럼
느껴졌다. 에티켓빌리지에 가 보나 마나라는 생각이 들었다.
이런 새미의 마음을 알아챘는지 사슴이 차갑게 말했다.

"옆 마을에 가 봐라. 너 같은 아이라면 그 마을을 좋아할
거다."

'너 같은 아이라니!'
새미는 사슴이 자신을 속물 취급하고 있다는 것을 알았다.
사슴은 고개를 빳빳이 들고 먼 산을 쳐다보고 있었다.
마치 자신은 무척 높은 족속이라도 되는 듯이.

새미는 생각했다.
'사슴은 순수한 것이 아니라 순진한 것이 아닐까?'
아름답게 펼쳐진 숲길 끝의 마을이 궁금하긴 했지만 더 이상
사슴과 동행하고 싶진 않았다. 새미는 사슴에게 인사를 하고
황급히 반대 방향으로 발길을 돌렸다.

너구리의 최대 행복

유틸리티빌리지 쪽으로 빠르게 걷다 보니 멀리 큰 건물이
보였다. 가운데 기둥이 우뚝 솟아 있는 것이 코뿔소의
이데아빌리지와 비슷했다. 다른 것이 있다면 기둥에
'쾌락'과 '효용'이라는 글자가 새겨져 있다는 점이다.
또한 원형 건물이 이데아빌리지보다 더 높았고, 밖에서
안이 들여다보이지 않는 유리로 되어 있었다. 원형 건물
왼쪽으로는 어린 동물들이 무리 지어 놀고 있었다. 모두
즐거워 보였다.
건물에 들어서자 한 동물이 새미를 반갑게 맞아 주었다.
너구리였다. 너구리는 새미를 방으로 데려갔다. 그 방에서는
사방팔방으로 난 창으로 온 마을이 다 내다보였다. 밖에서는
안이 보이지 않았는데, 정말 신기했다. 두리번거리고 있는
새미에게 너구리가 말했다.

"특이한 건물이지?"

"네, 안에서는 다 내다보이는데, 밖에서는 안이 하나도 보이지 않다니 신기해요."

"이 건물 이름은 파놉티콘이야. '판'과 '옵티콘'이 합쳐진 말인데, '판'은 '모든 것'이라는 뜻이고 '옵티콘'은 '본다'라는 뜻이지. '모든 것을 다 보는' 특이한 건물 구조 때문에 다들 내가 늘 지켜보고 있다고 착각하지."

"놀라워요!"

너구리는 매우 자랑스러워하는 듯 보였다.

"네 이름이 새미라지? 사슴한테 연락을 받았다. 정의를 찾아다닌다며. 왜지?"

"그냥 궁금해서요."

사슴에게 정의를 찾는 이유를 이야기했다가 낭패를 당하지 않았던가. 그래서 새미는 이번에는 '그냥'이라고 답했다. 너구리는 실망한 얼굴이었다.

"우리 마을은 그동안 정의를 찾기 위해 노력했단다. 쾌락을
위해서지. 지금도 최대 다수의 동물들이 최대 행복을 누리는
방법을 찾고 있단다."
"저도 솔직히 말하면, 정의를 찾아 미카엘라 요정님에게
쾌락을 드리려고 이렇게 다니고 있어요."

너구리의 얼굴이 그제야 밝아졌다.
'이것은 또 뭐람. 에티켓빌리지와 반응이 정반대잖아!'
새미는 유틸리티빌리지에 대한 호기심이 커졌다.
너구리가 말했다.

"내가 잠시 다녀올 데가 있단다. 그동안 놀고 있지 않으련?
우리 마을에는 세 개의 놀이터가 있단다. 시를 낭송하고
토론하는 곳, 일명 짤짤이라고 하는 동전 따먹기 놀이를
하는 곳, 그리고 푸시핀 게임을 하는 곳!"
"어디를 가면 좋을지 추천해 주세요."
"네가 가장 좋아하는 곳을 택하면 된단다. 이곳에서는
자기만족, 즉 쾌락이 옳고 그름의 기준이거든."

새미는 적잖게 놀랐다. 동생이 이 마을에 오면 좋아할
거라는 생각이 들었다. 동생은 푸시핀 게임을 좋아하는데,
엄마는 위험하다며 그 게임을 못 하게 했다. 새미는 동전
따먹기나 푸시핀 게임보다는 책을 읽고 싶었다. 그래서
책방으로 갔다. 동물이 거의 없어 조용해서 좋았다.

『세상을 묻는 너에게』라는 정치우화집을 집어 들었다.
자본주의 마을 이야기인데, 슬프지만 재미있는 동화였다.
'나도 크면 오즈의 마을을 소재로 이런 동화를 써야지' 하고
생각했다. 이때 너구리가 부르는 소리가 들렸다.

"재미있게 놀았니?"
"네. 그런데 일은 끝나셨어요?"
"응, 죄수를 만나고 왔단다. 늦잠을 잤다고 간수들이 벌로
돌을 옮기는 일을 시켰더구나. 그래서 간수들을 크게
야단쳤지. 그렇게 하면 죄수인 양이 일하는 것을 싫어하게
된다고! 일을 즐거운 것으로 만들어야 일하면서도
행복한데, 벌칙으로 일을 시키다니 이게 말이 되니?"
"그래서 어떻게 하셨어요?"
"일할 때마다 양에게 맛난 풀을 주라고 했지. 그래야 일을
즐겁게 할 테니."

죄수에 대해 궁금해진 새미가 너구리에게 물었다.

"그런데 양은 무슨 죄를 저질렀어요?"

"큰 죄는 아닌데, 친구들의 죄를 다 뒤집어써서 형량이
늘어났지. 양의 친구들이 이웃집에 들어가 물건을 훔치면서
양에게 망을 보게 했어. 친구인 개, 고양이, 두더지, 닭은
실제로 물건을 훔쳤고."

"그러면 판사님이 잘못된 판결을 하셨네요."

"아니야. 판사는 모두가 행복할 수 있는 기준에 충실한
판결을 했단다. 양의 친구들은 부모와 가족이 있는데,
양만 혼자거든. 친구들은 무죄 판결을 받아 쾌락을 느꼈고,
양은 집이 없어서 감옥에 가는 것이 오히려 좋거든.
실제로 양도 그 판결을 싫어하지 않았어."

새미는 납득이 되지 않았다.
'아무리 그래도 그렇지. 그런 판결을 한 판사가 도대체
누굴까? 혹시 이 너구리 아저씨가 아닐까?'
새미의 생각을 알아챘는지 너구리가 능글맞게 웃으며
말했다.

"맞아, 내가 판결했단다. 우리 마을의 원칙은 마을 전체의
쾌락을 높이는 것이고, 결과만 좋으면 만사 오케이거든!"
"그럼 억울하게 감옥에 간 양은요?"
"양에게는 일을 가르치고 있어. 일을 하면서 재미를
느끼도록 하고 있지. 양이 슬프면 마을의 평균 행복이
낮아지거든. 최대 다수의 최대 행복! 이것이 우리의 목표야."

그러면서 너구리는 더 많은 설명을 덧붙였다.

유틸리티빌리지는 최대 다수의 최대 행복을 얻기 위해 양처럼 뒤처진 동물을 도와주는 구빈원을 만들었으며, 신분과 성별, 사회적인 차이를 묻지 않고 개개인이 행복을 추구할 수 있도록 돕고 있다고 한다. 그런 의미에서 유틸리티빌리지는 쾌락과 효용의 행복발전소라고 말했다. 새미는 빈민들을 위한 구빈원이 있다는 것에 큰 매력을 느꼈다.

"구빈원은 가난한 동물들에게 행복한 곳이겠네요?"

"꼭 그렇지만은 않아. 잘해 주면 그곳에 계속 있으려고 하거든. 그래서 가족과 함께 있는 것을 금지하고, 일도 혹독하게 시켜. 그래야 그곳에서 먹고 재워 주는 것을 갚을 수 있거든."

"그럼 지옥처럼 느끼지 않을까요?"

"어쩌면 그럴지도 모르지. 하지만 빈민들을 감금해 마을에서 보이지 않게 해야 다른 동물들의 사회적 쾌락이 높아진단다. 또 힘들게 일을 시켜야 빈민들이 구빈원에서 벗어나려고 노력하지 않겠니?

그 결과 모두의 쾌락을 높일 수 있지.”
“가난한 동물들을 동물답게 대하도록 아저씨가 마을의
동물들을 설득하면 안 되나요?”
“나는 이 마을에서 기계공 같은 역할을 하고 있어.
과학적으로 쾌락을 생산해 내도록 하는 기계공! 오로지
결과를 보고 행위의 옳고 그름을 판단한단다.”

새미는 무조건 결과만을 중시하는 너구리의 말이
황당하게 여겨졌다.
‘에티켓빌리지의 동기나 유틸리티빌리지의 결과가 과연
정의의 기준이 될 수 있을까?’
‘다음 마을에서도 정의를 찾는 대신 실망을 하게 되는 것은
아닐까? 이제 어디로 가야 할까?’
새미는 길을 잃은 느낌이었다. 한숨과 함께 고민이
깊어졌다.

3부

자유 공동체

고양이의 통찰

'아, 어떡하지?'

새미는 난감했다. 유토피아에도 윤리 공동체에도 미카엘라
요정이 만족할 만한 정의가 없었기 때문이다. 빨리
돌아오라는 요정의 당부가 생각났지만 빈손으로 돌아갈
수는 없었다.

'처음부터 다시 생각해 보자. 무엇이 문제였을까?'

골똘히 생각에 잠겼던 새미는 무릎을 탁 쳤다.

'아, 그러고 보니 두 공동체에는 자유가 없었네!'

모든 동물이 코뿔소나 킬리만자로 표범의 계획대로
움직이는 것처럼 보였다. 사슴의 도덕 법칙은
너무 융통성 없이 엄격했고, 너구리의 감시는 교묘했다.

'그래, 자유가 보장된 곳으로 가 보자.'

새미는 자유가 있는 마을에 가면 진정한 정의를 만날 수 있겠다는 확신이 들었고, 바로 주문을 외웠다.

"빨주노초파남보, 자유 공동체로! Go. Go. Go!"

무지개는 순식간에 움직였고, 새미를 낯선 곳에 사뿐히 내려주었다. 바로 앞에 팻말이 세워져 있었다.

'이제 자유하라.'

새미가 '제대로 찾아왔구나' 하고 안심하려는 순간 팻말에 쓰인 마을 이름들을 보고 다시 혼란에 빠졌다. '마켓빌리지', '쇼핑몰빌리지', '블라인드빌리지', '센달빌리지'. 자유를 표방한 마을이 네 개나 있었기 때문이다.
어디를 먼저 가야 할지 고민하던 새미는 갈증을 느꼈다.
'그래, 마켓빌리지로 먼저 가 보자. 우선 마실 것을 좀 사야겠어.'

팻말이 가리키는 방향으로 가다 보니 도시가 눈에 들어왔다. 더 가까이 가니 기계음이 들리고 분주하게 일하는 동물들이 보였다. 마치 도시 전체가 거대한 공장 같았다. 마침 음료 전문점이 보여 들어가니 처음 보는 음료수도 많았다. 가장 좋아하는 음료수를 한 병 샀는데, 가격이 오즈의 마을보다 70%나 저렴했다. 음료수를 마시면서 가게를 둘러보니, 계산대 위에 '공장 견학 환영'이라고 써 있었다. 공장이 궁금해진 새미는 견학을 해 보기로 했다. 직원의 안내를 받아 공장에 들어서니 장관이 펼쳐졌다.

끝 모를 정도로 긴 컨베이어 벨트가 돌아가고 있었고, 그 양쪽에 동물들이 줄을 서서 일하고 있었다. 그런데 하고 있는 일은 각각 달랐다. 양이 병에 물을 넣으면, 닭이 천연 과일 색소를 넣고, 두더지가 병뚜껑을 돌려서 닫고, 소가 상표를 붙이고…. 모든 공정이 분업으로 이루어지고 있었다. 일은 한 치의 오차도 없이 착착 진행되었다. 동물이 기계를 움직이는 것인지 기계가 동물을 움직이는 것인지 알 수 없을 정도로 동물과 기계가 한 몸처럼 움직였다.

새미는 조심스럽게 소 아저씨 옆으로 가서 호기심 가득한
눈으로 일하는 것을 바라봤다.

"안녕, 도토리 음료수 먹을래?"
"괜찮아요. 방금 마셨어요. 그런데 이 마을에서는 왜 이렇게
음료수가 싸요?"
"분업 때문이야. 우리처럼 이렇게 대량 생산을 하면
자연스럽게 가격이 낮아진단다."
"싸게 만들어도 비싸게 팔고 싶은 마음이 들지 않나요?"
"물론 그러고 싶지. 하지만 비슷한 종류의 음료수보다
가격이 비싸면 시장에서 팔리지 않을걸."

새미가 질문을 더 하려고 하자 소 아저씨는 일을 해야
한다면서 더 궁금하면 경제학을 만든 고양이님에게
가 보라고 했다.
공장 뒤편으로 깊숙이 들어가니 글라스 모양의 건물이
나왔다. 마침 고양이가 학생들을 가르치고 있었다.

새미도 교실 한구석에 조용히 앉았다. 학생들의 책상에는
『국가가 부자 되는 방법』이라는 책이 놓여 있었다. 이때
고양이가 말했다.

"국가를 부유하게 하는 것은 시장입니다. 시장은 좋은
제품을 싸게 팔게 하는 마력을 지니고 있습니다. 모든
동물들은 좀 더 좋은 제품을 만들기 위해 창의적인
아이디어를 내고, 근면 성실하게 일합니다. 제품이
싸면 소비자는 좋습니다. 생산자도 대량 생산을 해서
많이 파니 큰돈을 벌어서 좋고, 국가는 재화가 많아지니
경제가 성장하고, 또 세금을 많이 걷을 수 있어 곳간이 꽉
차서 좋습니다. 이처럼 시장은 신이 동물 모두에게 주신
선물입니다. 시장의 법칙에 따라 살면 국가는 물론 우리
모두 부유해지고 행복해질 것입니다."

새미는 강의를 잘 이해할 수 있었다. 앞에서 소 아저씨가
비슷한 설명을 해 주었기 때문이다. 고양이가 말을 이어
나갔다.

"국가는 부유해지면 시장에 개입해서 감 나라 배 나라 하고
싶어질 것입니다. 그리고 동물들에게 인성교육을 한다고
이타성과 협동을 가르치려 들지도 모릅니다.

그러나 이것은 모두를 망하게 하는 길입니다. 우리가 잘
먹고 잘 사는 것은 동물들의 이타심이 아니라 돈을 벌려는
이기심과 자유로운 경쟁 때문입니다. 질 좋은 물건을
만들어야 잘 팔립니다. 이때 시장의 경쟁은 가격을 싸게
만듭니다. 그래서 시장에서는 동물의 이기심과 자유로운
경쟁이 찬양되어야 합니다.”

강의의 열기가 고조되고 있었다. 이때 못마땅한 표정을 한
두더지 학생이 손을 들어 질문을 했다.

“그럼 대학은 학생들에게 이기심과 경쟁을 가르쳐야
하네요?”

목소리에 불만이 가득했다. 새미도 마켓빌리지에 와서 왠지
불편했는데, 두더지 학생의 질문을 듣고 보니 왜 그랬는지
알 수 있었다. 고양이가 빙그레 웃으며 여유 있게 대답했다.

“당연하지. 동물은 이기적인 존재야. 자기 자식만
사랑하잖아.”

새미가 참지 못하고 말했다.

"저희 부모님은 이웃집 아이들도 사랑해요. 이웃 주민들도
제 동생을 돌보아 주는데요?"

고양이는 새미의 이야기에 오히려 맞장구를 쳤다.

"맞아. 보통 동물들은 자기 자식을 사랑하지만 다른 집
아이들도 위해 준단다. 내 아이가 다른 동물에게 미움을
받으면 싫듯이, 내가 다른 집 아이를 미워하면 그 상대방도
싫어할 것이라는 공감이 있기 때문이야."

고양이는『국가가 부자 되는 방법』을 쓰기 전에
『도덕감정』이라는 책을 썼다고 했다. 이 책에 따르면,
동물은 누구나 자기 가족을 사랑하는 감정뿐 아니라 공평한
관찰자의 감정도 가지고 있다고 한다. 공평한 관찰자의
감정이란 내가 싫어하는 것을 나에게 시키면 싫듯이 나도
남이 싫어하는 것을 시키면 안 된다고 생각하는 것이다.

그리고 이런 동물들이 시장에 나와 경쟁하기 때문에 편법을
사용하거나 상대를 궁지에 몰지 않는다는 것이다.
가만히 이야기를 듣던 새미 머릿속에서 의문이
뭉게구름처럼 피어났다. 그래서 작심하고 질문을 했다.

"우리 마을에서는 사재기를 하는 동물 때문에 물건 가격이
올랐어요. 처음엔 싸게 팔았는데 경쟁자가 망하니까 아주
비싸게 팔던데요? 외국의 싼 제품을 국산으로 둔갑시켜
비싸게 판 일도 있었어요. 시장에서 동물들은 공평한
관찰자의 마음보다는 자신의 이익을 중요시하는 자기
사랑이 더 강한 것 같아요."

고양이는 새미의 지적에 당황하는 기색이 역력했다.

"흠, 나도 사실은 내심 그것을 염려하고 있었어. 그래서
『국가가 부자 되는 방법』에 그런 동물들이 있으니
경계하라고 쓰긴 했어."

고양이는 이어서 말했다.

"그런데 실제 시장에서는 어떤 일이 일어나는지
잘 모르겠어. 옆 마을이 쇼핑몰빌리지인데, 네가 그곳에
가서 좀 알아봐 줄래?"

새미는 고양이의 솔직한 태도에 마음이 누그러졌다.
그래서 쇼핑몰빌리지에 가서 편지를 보내기로 하고
고양이와 헤어졌다.

사실 새미는 고양이에게 묻고 싶은 것이 많았다.

'장애인 동생은 컨베이어 벨트의 속도를 쫓아가지 못할
텐데. 취업을 못 하면 마켓빌리지에서 어떻게 살지?'
'엄마는 열심히 집안일을 하시지만 누구도 엄마에게 돈을
주지 않아. 엄마의 가사 노동 덕분에 아빠가 일을 할 수 있는
것인데, 그럼 아빠의 회사가 엄마에게 임금을 지불해야 하는
것은 아닌가?'

아마도 이런 질문을 했다면 고양이는 더 곤혹스러워했을
것이다. 이런저런 생각을 하며 걷다 보니 저 멀리
쇼핑몰빌리지가 보이기 시작했다.

하이에나의 상식

'쇼핑몰빌리지'라는 표지판 뒤로 화려한 마을이 보였다.
마켓빌리지가 기계 소음과 컨베이어 벨트에서 일하는
동물들로 가득 차 있었다면, 이곳은 별세계였다.
쇼핑몰빌리지의 백화점 진열대는 처음 보는 상품들로
가득 채워져 있었다. 새미는 자신도 모르게 백화점 쪽으로
걸어갔다. 환상적이었다. '명품관'이라 쓰인 곳에 가 보니
갖고 싶은 물건들로 가득했다. 그런데 상품 가격은 상상을
초월했다. 새미는 기가 죽어서 얼른 다른 곳으로 발길을
돌렸다.

조금 떨어진 곳에 청소년 동물들이 길게 줄지어 서 있었다. 입구에는 '워터플레이'라고 쓰여 있었고, 문 안쪽으로 물놀이를 즐기는 모습이 보였다. 새미도 놀고 싶었지만, 그곳에 들어가려면 입장권을 사야 했다. 그제야 요정이 준 지갑이 생각났다. 지갑을 열어 보니 꼬깃꼬깃 접힌 지폐가 들어 있었다.

'이 돈이면 입장권을 살 수 있을 거야!'

입장권은 일반권과 프리패스 두 종류였다. 일반권도 비쌌지만 프리패스는 세 배나 더 비쌌다. 프리패스는 놀이기구를 탈 때 줄을 서지 않고 바로 입장할 수 있는 것이라 했다. 새미는 일반권도 감지덕지했기 때문에 당연히 일반권을 사려 했다. 이때 부모와 함께 온 여우 소년이 새미에게 말했다.

"프리패스를 사는 것이 유리해!"

하지만 돈을 아껴 써야 했다. 일반권을 사서 워터플레이 안으로 들어간 새미는 신이 났다. 제일 먼저 무엇을 탈지 즐거운 고민에 빠졌다.

끝 모를 나선형으로 솟구치는 회오리바람, 튜브를 타고
빙글빙글 돌아 내려가는 튜브로, 폭포처럼 떨어지는
급경사를 타고 내려오는 보디 슬라이딩, 밧줄을 몸에 감고
큰 물대포의 포탄이 되어 날아가는 동물탄환 슈트 등 모든
것이 새미 눈에는 신기하고 재미있어 보였다. 놀이기구를
타면 그동안의 피로와 근심을 잊을 수 있을 것 같았다.
새미는 그중 제일 쉬워 보이는 튜브로를 타려고 줄을 섰다.
줄이 길었지만 설렘이 컸기에 기다릴 수 있었다. 뙤약볕이
따가웠다. 그런데 줄은 아무리 기다려도 줄어들지 않는 것
같았다. 점점 지쳐 갈 즈음 누군가 새미에게 인사를 했다.

"하이, 다람쥐 친구!"

물에 흠뻑 젖었지만 생기발랄하고 상기된 표정의
여우 소년이었다.

"하이! 어디서 오는 거야?"
"튜브로를 타고 오는 길이지!"

"좋겠다. 재미있었어? 그런데 줄을 잘 선 모양이다. 난
아직도 기다리는데….”
"하하. 난 벌써 보디 슬라이딩, 동물탄환 슈트도 탔어.
이제 또 다른 것을 타러 가는 길이야.”

'뭐라고? 어떻게 그것이 가능하지? 혹시 새치기를 한 건가?'
새미의 놀란 표정을 보았는지 여우 소년이 말했다.

"난 프리패스 입장권을 샀거든!”

손목에 감긴 티켓을 보니 새미의 것은 파란색인데, 소년의
것은 빨간색이었다. 놀이기구 입구를 자세히 보니 입장하는
곳이 두 군데였고, 프리패스 입구 쪽은 줄을 서지 않고 바로
입장할 수 있었다.

"이곳이야말로 자본주의의 끝판왕이야!”

뒤에서 누군가 말하는 소리가 들렸다. 돌아보니 두더지
소녀였다.

"쇼핑몰빌리지는 돈이 없으면 지옥이야!"

두더지 소녀가 냉소적으로 말했다. 옆에 서 있는 엄마
두더지는 어쩔 줄 몰라 했다.

"엄마가 미안하구나!"
"아니에요, 엄마. 엄마가 저희를 위해 얼마나 열심히
일하시는지 잘 알아요. 여기 데리고 와 주신 것만으로도
너무 감사한 걸요!"

그 모습에 새미는 서글픈 마음이 들었지만, 솔직히 호기심도
생겼다.

'프리패스 입장권은 누가, 왜 만들었을까?'

경비 아저씨에게 물었더니 워터플레이 본부에 가서
물어보라고 했다. 워터플레이 본부 건물을 찾아
안에 들어서니 여우와 하이에나가 바둑을 두고 있었다.

"안녕하세요. 저는 오즈의 마을에서 온 새미예요."

"오호, 안녕. 내 이름은 로직이야. 그러니 로직 아저씨로 불러
줘. 이 아저씨는 하이에나야. 우린 동업자란다. 그나저나
우리 워터플레이에서 재미있게 놀았니?"

"아니요. 하나도 타지 못했어요. 줄이 너무 길었거든요."

"좀 더 기다리지 그랬어. 아니면 프리패스를 끊거나."

프리패스 입장권에 대해 따지러 왔는데, 로직 아저씨가
먼저 이야기를 꺼냈다.

"그 프리패스 입장권 때문에 상처 많이 받았어요. 다른
아이들도 마찬가지이고요."

로직 아저씨 옆의 하이에나가 이런 항의에 익숙하다는 듯이
빙긋이 웃으며 말했다.

"하하! 새미야, 이 워터플레이는 사실 '저스티스 플레이'로 이름 붙일까 했단다. 이곳 쇼핑몰빌리지의 정의를 가르치기 때문이야. 자기가 번 돈으로 시장에서 자유롭게 사용할 수 있는 것이 정의란다."

"그건 쇼핑몰에서나 그렇지요. 사회정의는 아니잖아요?"

"사회정의? 하하! 그런 것은 없단다. 그건 약자들이 만든 환상이야. 사회정의라는 멋진 말로 자신들의 게으름이나 실패를 덮으려고 현혹하는 거야. 생각해 봐. 비행기에도 비즈니스석이 있고, KTX 열차에도 특실이 있잖아. 자본주의 사회에서 돈에 따라 혜택을 주는 것이 왜 문제가 되지?"

듣고 보니 그랬다. 옆에 있던 로직 아저씨가 덧붙였다.

"우리 할아버지는 열심히 일해서 정당하게 재산을 모았고, 우리 아버지와 나는 정상적으로 재산을 물려받았어. 이런 정당한 재산을 사회가 인정해 주고, 이것을 개인이 자유롭게 사용할 수 있도록 하는 것이 정의 아니겠니?

그래서 우리 워터플레이는 쇼핑몰빌리지의 정의를
실현하고 있단다. 아이들에게 정의를 체험하게 하는 이곳이
바로 '정의 체험관'이지!"

로직 아저씨는 확신에 차서 주먹을 불끈 쥐면서 말했다.
새미는 혼란스러웠다. 정의란 함께 잘사는 것이라고
생각했는데, 쇼핑몰빌리지의 상식은 달랐다. 돈에 따른
차별이 오히려 정의라고 한다. 자신은 요정의 돈이라도
있어서 이곳에 올 수 있었지만, 가난한 오즈의 마을
친구들은 여기 오는 것을 꿈도 꾸지 못할 것이다.
내가 부모를 선택한 것도 아닌데…. 이것이 정의일까?
부모님이 열심히 일하면서도 죄책감을 느껴야 하는 사회가
정의로운 사회일까? 아무래도 아닌 것 같았다.
새미는 엉거주춤 인사를 하고 워터플레이를 나왔다.
'마켓빌리지의 고양이 선생님께 뭐라고 편지를 써야 하나.'
한숨이 절로 나왔다. 새미는 그날 밤이 깊도록 펜과 종이
앞에서 고민만 하다가 잠이 들었다.

기린의 신비한 베일

새미는 거듭 실망했다.

'자유는 누구를 위한 것일까?'

'자유를 보장하는 것이 과연 정의로운 결과로 이어질까?'

자유에 대한 근본적인 회의가 생겼다. 골똘히 생각하며
걷던 새미의 눈앞에 탁 트인 초원이 펼쳐졌다. 푸르고
광활한 초원을 보니 마음이 조금 가벼워졌다. 한참 걷고
나서야 '블라인드빌리지'라는 팻말이 보였다. 새로운 마을에
도착하니 갑자기 시장기가 몰려왔다. 마침 나무 그늘
아래에서 케이크를 먹으려는 양 가족이 보였다. 혹시
한 조각이라도 얻어먹을까 해서 조심스럽게 다가갔다.

"동생이랑 먹어야 하니 언니인 네가 케이크를 자르렴!"

양 언니는 똑같은 크기로 자르기 위해 이리저리 자를 대보며
고심하고 있었다. 새미는 엄마 생각이 났다. 엄마는 항상
떡을 똑같이 나누어서 동생과 자신에게 주었다.
그런데 아직 어린 언니에게 케이크를 자르라고 하다니
놀라운 일이다. 만약 자신에게 케이크를 자를 수 있는
권한을 준다면 많이 먹기 위해 한쪽을 크게 자를 텐데!
새미는 양 아줌마에게 다가가 말했다.

"언니가 참 착하네요. 저 같으면 많이 먹으려고 한쪽을 크게
자를 텐데!"
"어, 다람쥐 소녀네! 안녕? 언니가 착하다고? 하하, 꼭
그렇게 볼 건 아니란다. 언니는 자기 몫을 뺏기지 않으려고
노력하는 중이거든."
"네? 어째서요?"
"언니가 자르고 나면, 동생이 먼저 케이크를 선택하거든!"

그렇다! 케이크 크기가 같아야 누가 먼저 케이크를
선택하든 손해를 보지 않는다. 놀라운 방식이었다.
양 아줌마가 말했다.

"왜 그리 놀라니? 우리 마을은 모든 결정을 이런 방식으로
해. 더 궁금하면 기린 선생님을 찾아가 봐. 그분이 이런
지혜를 주셨거든!"

3부 자유 공동체 | 기린의 신비한 베일

새미는 호기심이 발동해 배고픈 것도 잊고 한달음에 기린을
찾아갔다. 기린은 목이 길고 키가 커서 쉽게 찾을 수 있었다.
키가 작은 새미는 가까이 가서 두 손을 입에 모으고
큰 소리로 외쳤다.

"기린 선생님!"

하지만 기린은 미동도 하지 않았다. 새미가 나무를 타고
올라가 쳐다보니, 기린은 눈가리개를 하고 있었다.
'주무시는 건가?'
하지만 새미는 엄마한테 기린은 앉아서 잔다는 말을 들었던
기억이 나서 다시 크게 소리쳤다.

"기린 선생님!"
"누구니?"

그제야 기린이 안대를 벗으면서 말했다.

"저는 새미라고 해요. 오즈의 마을에서 정의를 찾으려고
왔어요. 우연히 케이크를 자르는 양 가족을 만났는데,
일상에서도 정의를 실천하고 있었어요. 제가 공정한 접근
방식에 대해 감탄했더니 기린 선생님을 소개시켜 주었어요."
"기특하구나. 정의라…. 그렇다면 나를 잘 찾아왔다. 한마디로
정의의 실현은 공정한 게임 규칙을 만드는 데 있어.
양 가족의 케이크 자르기처럼 공정한 절차만 확보한다면
좋은 결과를 만들 수 있지. 나는 이것을 '공정으로서의
정의'라고 부른단다."

그럴듯했다. 그렇게만 된다면 쇼핑몰빌리지의 불평등이
사라질 것 같았다. 새미는 정의에 대한 한 줄기 희망의 빛을
발견한 듯싶었다.
'그런데 공정한 절차는 어떻게 만들까?'
케이크를 자르는 방식처럼 묘책이 있을 것 같았다.
새미는 조바심을 내며 물었다.

"공정한 절차는 어떻게 만들죠?"

새미의 질문에 기린은 벗었던 눈가리개를 다시 쓰고 말했다.

"이건 그냥 눈가리개가 아니라 '무지의 베일'이야. 이것을
쓰면 자신이 여자인지 남자인지, 부잣집 아이인지 아닌지
모르게 돼. 모든 동물이 무지의 베일을 쓰고 함께 고민하여
절차를 만든다면 누구에게나 공정한 절차를 만들 수 있지."
"아, 생각났어요. 요정님도 눈가리개를 하고 비슷한 말을
했어요. 편견이 생길까 봐 눈가리개를 썼다고요. 저도
그 무지의 베일을 써 보고 싶어요."

기린은 눈가리개를 새미에게 넘겼다. 새미는 무지의 베일을
받자마자 얼굴에 썼다.

'곧 모든 것을 잊겠지.'
하지만 잊으려고 할수록 더 생각이 났다. 장애인 동생,
가난한 집안, 여자인 자신 등…. 이때 기린이 말했다.

"어때, 싹 다 잊게 되지?"
"네에에~~."

새미는 기린이 실망할까 봐 거짓말을 했다.

"그래. 이 베일을 쓰면 내 지위와 특권 등 모든 것을 잊게
된단다. 이런 상태에서 사회 구성원 모두가 모여 사회계약을
체결하는 것이지!"

새미는 굉장한 아이디어라는 생각은 들었지만 뭔가
찜찜했다.
'과연 저 눈가리개를 쓴다고 해서 자신의 처지를 잊을 수
있을까?'
이때 기린이 자랑스럽게 말했다.

"이런 방식으로 결정을 하면 사회적 약자에게 불리하지
않은 결과가 나온단다. 자신이 약자의 입장이 될 수도 있기
때문에 약자에게 불리한 결과가 나오지 않게 하지. 이것을
'차등의 원칙'이라고 해."
"차등의 원칙이요?"
"응. 어떤 나라, 어떤 인종, 어떤 신분으로, 어떤 집에서
태어날지 모르는 상태에서 제도를 만드는 거지. 그럴 경우
사회적 약자가 최악의 상태를 모면할 수 있도록 해 주는
제도가 만들어지게끔 되어 있지."
"아!"

무지의 베일을 쓰고 분배 원칙을 만들어 최악의 상황에서도
약자를 배려할 수 있도록 하려는 기린의 의도에 감탄했다.
장애인 동생을 떠올리며 새미는 블라인드빌리지가
꽤 살 만한 동네라는 생각이 들었다. 기린의 의도대로
이루어진다면 부자들의 횡포도 어느 정도 막을 수 있을 것
같았다. 새미는 약자에 대한 기린의 생각을 더 알고 싶었다.

"그럼 선생님은 모든 사회 구성원에게 무조건적으로
지급하는 기본소득에 당연히 찬성하시겠네요?"

새미의 질문에 기린은 갑자기 정색을 하며 말했다.

"그건 아니지. 만약 그렇게 되면 동물들은 일하지 않고
모두 해변으로 서핑을 하러 갈 거야! 내가 주장하는 복지는
일하지 않는 서퍼까지 도와주는 것은 아니야!"

새미는 갑자기 벽에 부닥친 느낌이었다. 기린이 말한 차등의
원칙은 최저생계비를 보장하는 수준에 불과한 것이 아닐까
하는 의심이 들었다. 장애인 동생은 이 마을에서 최악의
삶은 면하겠지만 동물다운 삶을 보장받기는 힘들겠다는
생각이 들었다. 그러다 보니 기린의 주장에 의구심이
생겼다.
'눈가리개의 성능도 의심스럽고, 차등의 원칙도 일부
동물에게만 시혜를 베푸는 차원에 그치는 것은 아닐까?'

어느덧 해가 뉘엿뉘엿 지고 있었다. 기린은
블라인드빌리지에서 자고 가라고 했지만, 새미는 자신이
기린의 주장에 의심을 품고 있다는 것을 들킬까 봐 급히
인사를 하고 길을 나섰다. 그러나 블라인드빌리지를
나서는 새미의 발걸음은 쇼핑몰빌리지를 나설 때보다 한결
가벼웠다. 차별을 최소화하려는 시도가 정의에 좀 더 가까이
다가간 것처럼 느껴졌기 때문이다. 눈가리개가 제 기능을
발휘한다면 말이다.
'다음 마을에서 더 많은 희망을 발견하지 않을까?'
새미는 높은 나무에 올라 설렘 속에 잠을 청했다.

거위의 꿈

날이 밝았다. 자유 공동체의 마지막 방문지! 새미는 설레는
마음으로 '센달빌리지' 팻말이 보이는 곳까지 열심히
걸었다. 맞은편에서 샌들 모양의 발을 가진 거위가 걸어
오고 있었다.

"아저씨, 말씀 좀 여쭐게요. 센달빌리지로 가려면 어디로
가야 해요?"
"그곳에는 왜 가려고?"
"거기에 정의가 있다고 해서요. 저는 정의를 찾아야
하거든요."

"흠, 내가 센달빌리지에 대해 알 만큼 아니 궁금한 것을
내게 물어보렴. 그나저나 지금 블라인드빌리지에서 오는
길이니?"

"네."

"그곳에서는 정의를 찾았니?"

"아니요. 기린 선생님이 무지의 베일이라는 눈가리개를 쓰면 자신이 가진 조건을 잊게 되고, 그 상태에서 선택을 하면 정의에 도달한다고 했어요. 그런데 저는 그 눈가리개를 써도 솔직히 제가 처한 상황이 잊히지 않더라고요. 제가 순수하지 못해서 그런가 봐요."

거위는 크게 웃으면서 말했다.

"착한 소녀야, 자책하지 마라. 그런 마법의 눈가리개는 이 세상에 없단다. 생각해 봐, 어떻게 엄연히 공동체 안에 존재하는 동물이 그깟 눈가리개를 쓴다고 해서 자신이 처한 상황을 잊어버릴 수 있겠니? 기린 선생님의 주장은 가상의 상황에서나 가능한 이야기란다. 현실에서는 불가능해!"

"그렇죠? 저도 거위 선생님 말씀에 동의해요."

새미는 그제야 블라인드빌리지에서 생긴 찜찜한 마음을 떨칠 수 있었다. 하지만 눈가리개를 부정하면 공정한 절차를 어떻게 만들 수 있을까? 또 다른 불안감이 밀려왔다.

'그래도 겨우 정의의 가능성을 눈가리개에서 찾았는데….'
이때 거위가 빙그레 웃으며 말을 이어 갔다.

"동물은 공동체 안에서 사는 존재이고, 공동체에는 오랜
역사를 거쳐 만들어 온 나름의 가치가 있어. 그런데 개인이
어떻게 그것의 영향을 받지 않을 수가 있겠니? 나는 오히려
누구나 공동체의 일원임을 인정하는 편이 현실적이고,
정의에 도달할 수 있는 길이라고 생각한단다."

거위 아저씨의 말이 맞는 것 같았다. 무지의 베일을 쓰는
가상의 상황보다는 있는 그대로의 현실 속에서 정의에 대한
고민을 시작해야 한다는 생각이 들었다. 새미가 고개를
끄덕이며 동의하자 거위는 신이 나서 말했다.

"소녀야, 정의를 찾는다고 했지? 정의는 좋은 삶을 사는
거란다. 그러려면 자신이 살고 있는 공동체를 잘 이해해야
해. 주민들이 공동체의 목적과 지향을 잘 알고, 익히고,
이것에 기반해서 자신의 이야기를 할 때 정의로운 사회가
될 수 있단다."

새미는 거위의 말에 공감했다. 그러다가 문득 자기 이익만
추구하던 오즈의 마을 동물들이 떠올랐다.

"그런데 저희 마을 주민들은 수해가 나자 다들 자기 이익만
주장했어요. 가게 주인은 물건 값을 올렸고, 어떤 동물은
그 상황을 이용해 큰돈을 벌었어요."
"우리 마을에도 비슷한 일이 있었단다. 이제 돈으로
무엇이든 살 수 있는 사회가 되었지. 장기도 매매하고,
대리모를 사서 출산도 하고, 야구장 입장권을 사기 위해
줄을 대신 서 주는 회사도 있단다."
"그럼 그 위기를 어떻게 해결했어요?"
"마을 주민들이 시민이라면 갖추어야 할 덕성을 가진
덕분에 위기를 극복할 수 있었지. 센달빌리지에선
주민들에게 공동체의 관습, 문화, 지향점 등을 잘
가르쳤거든. 그 결과 동물들은 모든 것을 돈으로 사는 것이
바람직하지 않다는 것을 깨닫게 되었어. 결국 시장에서만
돈의 원리가 작동하고 공동체에서는 다른 원리, 즉 좋은
삶을 향한 가치가 중심이 되었단다. 우리 마을에서는 이런
시민적 덕성을 가진 주민들이 공동체를 지탱하고 있단다."

생각해 보니 오즈의 마을에서는 주민 교육을 한 적이
없었다. 그래서인지 오즈의 마을 동물들은 위기가 닥치자
무질서했고, 서로 불신했으며 결국에는 갈등이 생겨났다.

"주민 교육이 중요하군요. 그렇다면 어떤 교육을 받아야
해요?"

"정의는 개인의 권리만을 가르친다고 얻어지지 않아.
이렇게 되면 개인들은 공동체가 없다고 생각하거든. 모두들
공동체에 속해 있고 그 영향을 받고 있기 때문에 공동체의
가치를 이해하도록 해야 해."

가만히 듣던 새미는 점차 의심이 들었다. 거위가 말한 것이
정의라면 공동체가 정의로워야 하는데, 과연 그럴까?

새미는 '오즈의 마을은 과연 정의로울까' 하는 의심이
들었다. 오즈의 마을에서는 돈 많은 여우가 늘 주인 행세를
했기 때문이다. 여우는 건물 임대료로 돈을 벌었는데, 다른
동물들이 일을 해서 번 돈보다 몇백 배나 많은 돈을 벌었다.
게다가 여우의 자녀들은 새미의 친구들보다 좋은 학교와
학원에 다녔다.

"그런데 우리 마을에선 서로 다른 의견을 가지고 논쟁을
했는데, 누구의 의견이 공동체의 가치인지 헷갈려요."
"그래, 나도 그것을 고민하고 있단다. 중요한 것은 공동체의
가치를 알아내는 과정에 참여하는 것이란다. 그래서 나는
주민의 정치 참여를 강조해 왔지. 특히 참여에서 배제된
동물들에겐 시내 중심가 동물들의 참여 방법을 가르쳐
왔지! 이 동물들에게 인문학 교육을 통해 자신을 설명하는
힘을 갖도록 하고, 공동체에 참여하는 방법을 익히도록
지원해 왔어."

공동체의 일원으로 그 가치를 알고 익히는 정치 참여는 멋진 구상이다! 그러나 이내 새미는 마음이 불편해졌다. 오즈의 마을에서 시내 중심가 동물이라면 여우가 아닌가! 게다가 여우는 학교 이사장이기 때문에 공동체 교육은 이래저래 그의 뜻에 따라 진행될 것이 틀림없다. 곰곰이 생각해 보니 학교에서 도덕, 윤리, 사회 등 공동체 교육이라고 할 만한 과목들을 배웠다. 그러나 문제는 이 과목들이 여우의 주장을 그대로 담고 있다는 점이었다. 마을의 중요한 일을 결정할 때에도 항상 여우만 의견을 냈다. 다른 동물들은 먹고살기 바빠 참여할 시간을 내지 못했기 때문이다.

기린이 말한 눈가리개에 대한 믿음이 생기지 않는 것처럼, 거위의 공동체에 대한 이야기도 믿음이 가지 않았다.

이제 자유 공동체에서의 여행을 마무리할 때가 되었다. 마음에 꼭 드는 정의를 발견하지는 못했다. 하지만 교훈은 얻을 수 있었다. 자유도 자유롭게 놔두면 안 된다는 것. 가진 동물들만의 세상이 되기 때문이다. 절차와 교육을 통해 불평등을 완화하고 공동체를 지켜야 한다.

새미는 정의가 거저 얻어지는 것이 아니라는 생각도 하게 되었다. 자유 공동체의 마을들은 저마다 차이가 있었지만, 마음에 드는 정의가 실현된 마을도 있었다. 새미는 이제 평등 공동체가 궁금해졌다.

4부

평등 공동체

고릴라의 온정주의

집을 떠나 여행을 한 지 한참 지난 터라 새미는 많이
지쳐 있었다. 하지만 평등 공동체에 대한 궁금증은
사그라들지 않았다.

'자유의 마을에선 기본적으로 돈 있고 힘 있는 동물만이
자유로울 수 있었어. 이렇게 평등하지 않은 상태에서 일반
동물들이 과연 자유를 누릴 수 있을까? 그래, 이제 평등의
마을로 가 보는 거야.'

평등의 마을로 갈 생각을 하니 새로운 호기심과 희망이
생겼다. 마음이 급해졌다. 새미는 내일을 위해 잠을 청했다.
그리고 해가 뜨기도 전에 일어나 떠날 채비를 마쳤다.

"빨주노초파남보, 평등 공동체로! Go. Go. Go!"

무지개는 순식간에 새미를 어딘가로 인도했다. 새미 앞에
정사각형의 큰 팻말이 보였다.

'연대만이 살 길이다.'

새미는 당황했다.
'연대라니! 평등의 마을이 아니잖아.'
그런데 곰곰이 생각해 보니 연대는 평등할 때 가능하고,
연대야말로 평등을 만드는 실천이었다.
'아, 제대로 왔구나! 그러면 그렇지!'
팻말을 다시 보니 '연대만이 살 길이다'라는 글귀 밑에
지도와 함께 네 개의 마을 팻말이 있었다. '오웬빌리지',
'스머프빌리지', '아이언빌리지', '웰페어빌리지'.
어디로 갈지 고민하고 있는데, 저 멀리서 웅성거리는 소리가
났다. 넓은 길에 뽀얗게 흙먼지가 일고 있었다. 자세히 보니
동물들의 긴 행렬이 지나가고 있었다. 그 중심에는 동물들이
끄는 바퀴 달린 가마가 있었다.

"영차, 어기영차! 영차, 어기영차!"

가마를 끌고 있는 돼지, 닭, 두더지 등의 표정은 너무나도
밝았다. 가마 안에는 커다란 고릴라가 만족스러운 얼굴로
앉아 있었다. 주변 동물들은 모두 꽃다발과 풍선을 들고
환호성을 지르고 있었다. 가마 주변으로는 아이들도 많았다.

그중 초등학생으로 보이는 양에게 물었다.

"안녕, 난 새미야."
"안녕하세요? 전 오웬빌리지에 사는 양이에요. 그런데 처음
뵙는 분이군요!"
"응, 오즈의 마을에서 왔어. 여기에선 아주 멀어. 그런데
마을에 무슨 행사가 있니?"

양 소년이 뿌듯한 표정으로 대답했다.

"네, 마을 동물들이 우리 마을의 지도자인 오웬 님을
맞이하고 있는 중이에요. 아주 고마우신 분이라 마을
어른들이 자청해서 가마를 끌고 있답니다."

또래인 나에게 존댓말을 하다니, 참 예의 바른 소년이라고
새미는 생각했다. 아마도 저 고릴라가 지도자이고, 이름이
오웬인 모양이었다. 고릴라를 쳐다보는 양 소년의 눈엔
존경과 사랑이 넘쳤다. 새미는 호기심이 발동했다.
'도대체 얼마나 훌륭하기에 이렇게 환영을 하는 거지?'

새미의 마음을 알았는지, 양 소년이 말했다.

"오웬 님이 마을을 만드시기 이전에는 우린 세 살 때부터
공장에서 일을 해야만 했어요. 너무 힘들었을 뿐 아니라
다치는 일도 많았고, 심지어 죽는 아이들도 있었대요.
그런데 오웬 님은 어린이들이 일하지 않고 유아원에서
음악과 산수 등을 공부할 수 있게 해 주셨고, 청소년도
일과 후에 교육을 받을 수 있게 해 주셨어요."

옆에서 이야기를 유심히 듣고 있던 돼지 아줌마가
끼어들었다.

"우리는 오웬 님이 너무 고마워서 마을 이름도 '뉴나나'에서
아예 '오웬빌리지'로 바꾸었답니다."

돼지 아줌마는 말을 이어 갔다.

"우리 마을은 다른 마을과 달리 노동 시간도 짧고, 좋은 주택에서 살 수 있답니다. 게다가 아이들은 그림과 음악, 그리고 직업 교육도 받아요. 다른 마을에선 꿈도 꿀 수 없는 일이죠. 이 모든 것이 오웬 님 덕택이에요. 오웬 님이 자기가 번 돈을 모두 투자해서 우리에게 아낌없이 베푸셨거든요."

"아, 그래서 모두들 이렇게 열광하는 거였군요."

"맞아요. 오웬 님은 늘 말씀하셨어요. 동물의 행복은 주위 환경에 의해 정해진다고. 그리고 우리를 위해 늘 환경을 개선하는 노력을 해 오셨지요. 그런데 오늘은 더 특별한 일을 하고 오시는 길이에요."

"특별한 일이요?"

"네. 마을 공장의 다른 임원들은 오웬 님과 생각이 달랐거든요. 그들은 노동자들과 아이들이 좋은 환경에 있는 것을 못마땅해했어요. 그래서 우리를 위한 투자를 줄이고 유아원도 없애려 했지요. 오늘은 오웬 님이 다른 임원들이 갖고 있던 공장 지분을 모두 사서 돌아오시는 길이에요. 오웬 님의 자비와 사랑으로 우리는 이제 더 행복할 수 있게 되었어요! 정말 특별한 날이지요?"

시종일관 존댓말을 하는 돼지 아줌마를 보며 이곳 동물들은
남녀노소 모두 예의가 바르다고 생각했다.

'이것도 다 오웬 님 영향인 건가?'

새미는 가마 안에 앉아 있는 고릴라를 다시 쳐다보았다.

그러고 보니 얼굴도 온화하고 넓은 가슴도 따뜻해 보였다.

'멋진 지도자구나!'

그런데 한 가지 의문이 들었다.

'이게 평등한 것일까? 모두 고릴라의 자비에만 의존하고
있는 것은 아닐까? 좀 더 알아봐야겠어!'

가마가 지나간 쪽으로 걸어가려는데 두더지 할아버지가
수심이 가득한 얼굴로 터덜터덜 그 뒤를 따르고 있었다.
두더지 할아버지가 새미에게 말을 걸었다.

"아까 네가 하는 이야기를 들었다. 멀리서 온 모양인데,
우리 마을에 살고 싶은 게로구나."
"전 정의를 찾아 이 마을에 왔어요. 그런데 마을에 대해 더
알아봐야 할 것 같아요. 오웬 님이 훌륭한 것은 알겠는데,
다른 동물들이 너무 우러러보고 의지하는 모습이 평등해
보이지는 않아서요."

새미는 솔직하게 말했다. 왠지 두더지 할아버지는
고릴라에게 열광하는 다른 동물들과는 달라 보였기
때문이다.

"솔직히 나도 그게 고민이야. 오웬 님은 사실 우리를
믿지 않아. 우리를 늘 가르치려고만 하시지. 그래서
공장의 작업장에도 '침묵의 모니터' 제도를 도입하셨지."

"침묵의 모니터요?"

"응. 그날의 작업 성과에 따라 각기 다른 색깔의 나무를
노동자의 작업대 위에 달아 놓는 걸 말하는 거야. 검은색은
나쁨, 푸른색은 그저 그럼, 노란색은 좋음, 흰색은 매우
좋음을 뜻한단다."

새미는 두더지 할아버지의 말을 들으니 고릴라가 마치
가부장적인 아버지처럼 느껴졌다. 보살펴 주지만 말을
듣지 않으면 매를 들고, 온화하지만 수직적인 관계에 있는
아버지! 이때 두더지 할아버지가 말했다.

"오웬 님이 우리 마을과 같은 공장을 이웃 마을에도 세우려
했지만, 여우들이 반대해서 아주 먼 나라로 이사를 준비
중이시지. 그래서 걱정이야. 오웬 님이 떠나시고 난 후,
우리 마을이 예전처럼 노동자들이 살기 힘든 마을로
돌아갈까 봐."

새미는 수심이 가득한 두더지 할아버지가 안쓰러웠다.

대화를 마친 두더지 할아버지는 저 멀리 가고 있는 행렬을 쫓아갔다.

큰길에 홀로 남겨진 새미는 생각했다.

'오웬빌리지는 전적으로 고릴라의 능력과 자비에 의존해서 운영되고 있네. 이것이 무슨 연대이고, 평등이란 말인가!'

새미는 모두가 동등한 인격의 파트너로 공동체에 참여하는 것이 연대와 평등이라고 책에서 배웠다. 그런데 이 마을은 오웬이라는 가부장의 능력과 시혜에 의존하고 있었다.

그렇다면 미카엘라 요정도 오웬빌리지를 좋아할 리 만무했다. 새미는 오웬빌리지의 정의를 요정에게 가져갈 수는 없다고 판단했다.

'어떻게 하지? 그래, 다른 마을로 가 보자. 그곳에는 또 다른 메시지가 나를 기다리고 있을 거야!'

새미는 행렬과 반대 방향으로 발길을 돌렸다.

열 번째 마을 _ 스머프빌리지

허스키의 유토피아 선언

'이제 어디로 가면 좋을까?'

새미는 평등 공동체 입구로 돌아와 마을 안내를 다시
살펴보았다. '스머프빌리지' 팻말을 보자, 서로 다른 개성의
스머프들이 어울려 사는 이야기를 TV에서 본 기억이 났다.
스머프빌리지는 가부장제가 지배하는 오웬빌리지와 많이
다를 거라는 기대가 생겼다. 새미는 스머프빌리지 쪽으로
발걸음을 재촉했다. 막상 마을에 도착하니 만날 수 있을
거라 기대한 스머프는 보이지 않고, 열심히 일하고 있는
다른 동물들만 보였다.

"안녕하세요. 수고가 많으세요."

4부 평등 공동체 | 허스키의 유토피아 선언

새미는 여우, 소, 셰퍼드, 양, 닭 등 일하고 있는 동물들에게
인사를 건넸다. 그러자 그중 커다란 몸집의 한 동물이
대답했다.

"안녕하시오! 다시 보니 반갑소!"

새미는 깜짝 놀랐다.
'누군데 나를 알지? 어디서 본 것도 같긴 한데.'
자세히 보니 이데아빌리지를 설계했던 코뿔소였다.
그 옆에는 표범도 있었다. 맙소사! 이데아빌리지와
상상빌리지의 동물들이 모두 모여 있었다. 그런데 코뿔소와
표범은 예전의 당당함은 사라지고 왠지 힘이 없어 보였다.
코뿔소가 말했다.

"당신이 다녀간 뒤로 우리 유토피아의 두 마을에는 자유를
찾아 떠나는 동물들이 생겨났소. 그중 쇼핑몰빌리지에서
크게 성공한 동물들이 유토피아 마을로 돌아와 쇼핑몰을
차렸지. 유토피아 마을에는 점차 시장의 원리가 작동하기
시작했고, 결국 마을 전체가 거대한 쇼핑몰로 변하였소."

4부 평등 공동체 | 허스키의 유토피아 선언

"놀라운 일이군요. 제가 방문한 지 얼마 되지 않은 것 같은데."

"꽤 시간이 흘렀는데…. 어쨌든 초기에는 시장이 모든 위계를
없애고, 자유로운 개인들로 우리의 관계를 바꾸었소. 게다가
시장에서는 질 좋은 물건이 가격까지 싸서 모두들 좋아했지.
하지만 점차 문제가 드러났소. 자본가들이 싼 가격으로
물건을 팔아도 돈을 벌 수 있었던 이유는 노동자들에게
임금을 적게 주었기 때문이오."

새미는 쇼핑몰빌리지의 실상을 떠올렸다. 특히
쇼핑몰빌리지를 설계한 로직 아저씨와 하이에나의
'사회정의란 없다'는 말도! 이때 표범이 말했다.

"처음엔 시장이 보이지 않는 손으로 모두를 잘살게 해 줄
거라 생각했는데, 알고 보니 노동자들의 목줄을 점점 죄고
있었던 거요. 빈익빈 부익부는 갈수록 심해졌지. 노동자들은
급속도로 왜소해지고 자본가들은 빠른 속도로 강해졌소.
결국 노동자들이 유토피아 시대로 다시 돌아가고자 혁명을
일으켰소. 하지만 강철군화로 무장한 정부군에게 혁명군은
철저하게 패배했다오."

새미는 말로만 듣던 표범을 처음 보았다. '킬리만자로'라 불리던 그에게서 고고함은 이제 찾아보기 힘들었다.

"혁명에 실패하고, 유토피아를 그리워하는 이들이 이민을 와서 만든 마을이 바로 이 스머프빌리지요. 우리는 유토피아 마을의 유산을 물려받으면서도 다른 한편으로 유토피아의 한계를 고치고자 했지. 그래서 아이와 여성을 종속시키는 가부장제는 이제 더 이상 존재하지 않는다오."

새미는 안도의 한숨을 쉬었다. 가부장제야말로 상상빌리지의 큰 결함이 아니었던가! 이어진 표범의 설명에 따르면, 스머프 이야기에서 농부 스머프, 요리사 스머프, 게으름뱅이 스머프, 투덜이 스머프, 수선이 스머프 등 스머프들이 각기 다른 직업과 특징을 지녔음에도 평등한 것처럼 이곳도 그러하다고 한다. 더 나아가 이야기 속 스머프 마을처럼 화폐가 없고, 사적 소유도 인정하지 않는다고 한다. 모든 소유물은 공동의 재산이고, 모든 동물은 능력에 따라 일하고 자신의 필요에 따라 물건을 가져다 쓴다는 것이다.

"정말 놀라워요."

"그렇소. 우리는 유토피아 마을의 실패를 교훈 삼아
가가멜과 같은 자들을 경계하지."

새미는 스머프 이야기에 나오는 악당 가가멜을 떠올렸다.
가가멜은 스머프를 잡아서 황금으로 만들려고 하는
전형적인 자본주의의 옹호자였다.

"가가멜과 같은 자들 때문에 우리 유토피아 마을이
파괴되었소! 그러나 이번에는 실패하지 않을 자신이 있소.
우리에겐 파파 스머프 같은 분이 계시기 때문이지."

아, 파파 스머프! 새미는 붉은색 바지에 붉은색 모자를 쓴
흰 수염의 파파 스머프를 떠올렸다. 그는 지혜로운 존재로서
스머프들의 리더 역할을 했다. 하지만 파파 스머프와 다른
스머프들의 관계는 평등했다. 파파 스머프 이야기가 나오자
코뿔소가 거들었다.

"나도 철학을 공부했지만, 그분은 나와는 질적으로 다르지. 나는 이데아를 통해 세상을 해석하는 데 그쳤지만, 그분은 그렇지가 않아. 어느 날 혁명가들을 모아 놓고 이야기한 그분의 말씀을 기억한다오. '중요한 것은 세계를 해석하는 것이 아니라 변혁하는 것이다'라는 말씀을."

지쳐 보였던 표범과 코뿔소가 이때만큼은 눈을 반짝이며 말했다.

"그분이 바로 시베리안 허스키요. 상상빌리지가 시장에 무너진 후 나는 유토피아란 없다고 생각했지. 하지만 그분은 유토피아는 언제나 우리의 실천 속에 살아 있다고 말씀하셨소. 유토피아는 어떤 정해진 실체가 아니라 운동이라며. 유토피아라고 선언하면서 운동을 멈추는 순간부터 유토피아는 부패하고 결국에는 사라진다고 하셨소."
"하지만 그분이 계시는 한, 우리 마을은 걱정이 없소!"

새미는 허스키를 향한 코뿔소와 표범의 광적인 존경과 차돌 같은 확신 때문에 오히려 스머프빌리지가 의심스러워졌다. '아직 만나 보지는 않았지만, 저 똑똑하고 고고한 코뿔소와 표범을 완벽하게 감동시킨 허스키는 또 다른 우상이 아닐까?'
호기심 많은 새미는 묻지 않을 수 없었다.

"전 의심이 들어요. 두 분이 말씀하신 허스키님이 너무 완벽하니깐 신처럼 느껴져요. 허스키님이 신이 아닌 이상 실수도 할 수 있고, 독재자가 될 수도 있고, 그리고…."

이때 밖에서 다급한 소리가 들려왔다. 셰퍼드였다.

"헉헉! 코뿔소님, 표범님. 빨리 가 보셔야 해요. 허스키님이 위독해요. 두 분을 빨리 모시고 오래요."

코뿔소와 표범은 새미와 대화를 멈추고 황급히 움직였다. 새미도 부지런히 뒤를 쫓았다. 도착해 보니 이미 허스키는 숨을 거둔 후였다. 온 마을이 깊은 슬픔에 빠졌다.

장례식은 마을장으로 치르기로 결정하고, 모두들 그 준비로 분주했다. 이런 분위기와는 달리 한편에서는 허스키님 이후, 즉 포스트 허스키 체제를 놓고 동물들 사이에 신경전이 벌어지고 있었다. 분위기가 심상치 않았다. 새미는 떠날 채비를 끝낸 후, 코뿔소와 표범을 찾아갔다. 그들의 얼굴은 반쪽이 되어 있었다. 코뿔소가 말했다.

"대화를 더 나누고 싶었는데 이렇게 헤어지는구나. 우리 상황을 이해해 주기 바라네."
"저도 장례식에 참석해야 하는데, 빨리 집에 돌아가야 해서 오래 머물 수가 없어요. 죄송해요."

표범이 말했다.

"그대가 미안해할 건 없지. 어서 길을 떠나게. 그런데 가는 길에 아이언빌리지에 들러 그곳 상황을 편지로 전해 주지 않겠소? 그 마을도 우리 마을과 마찬가지로 유토피아를 꿈꿨는데, 지금은 독재자가 다스린다고 들었거든.

허스키님이 돌아가신 지금 우리 마을도 그 마을처럼 되지 말란 법이 없거든."

"네, 자세히 보고 편지를 쓸게요."

"미안하군. 이제 몸도 마음도 힘들 텐데, 이런 부탁을 다 하다니."

새미는 어차피 아이언빌리지를 들러볼 예정이었다며 인사를 했다. 그리고 무거운 마음으로 스머프빌리지를 나섰다. 멀리서 먹구름이 몰려오고 있었다.

열한 번째 마을_아이언빌리지
사자의 슬픈 신세계

새미는 고향 생각이 간절했다. 순간 그냥 집으로 돌아가고
싶다는 생각도 들었다. 하지만 표범의 부탁을 생각해서
아이언빌리지에 얼른 들르기로 했다.
마침 스머프빌리지에서 멀지 않은 곳에 아이언빌리지가
있어서 새미는 한달음에 달려갔다.

"멈추거라!"

셰퍼드였다. 순간 이데아빌리지가 아닌가 하는 의심이
들었다. 그곳의 셰퍼드와 많이 닮아 있었기 때문이다.
무뚝뚝하고 위압적인 태도도! 셰퍼드에게 평등한
이상 사회를 찾아 여행 중이라고 애써 당당한 척 말했더니
잠깐 기다리라면서 어디론가 연락을 했다.

시간이 흐르고 어색한 침묵이 이어졌다. 한참이 지나서야 셰퍼드는 여행 허가가 떨어졌다고 알려 주었다. 하지만 조건이 있었다. 안내인이 안내하는 곳만 다녀야 한다고 했다. 새미는 의아했다. 이상 사회를 구현했다는 아이언빌리지에서 왠지 억압적인 분위기가 느껴졌다. 이런 생각을 하고 있을 때 누군가 저 멀리서 걸어오는 모습이 보였다. 안내인은 매우 친절해 보이는 나이 많은 여우였다.

"우리 마을을 여행하고 싶다고요? 따라오세요!"

마을 중심부까지는 생각보다 멀었다. 가는 길에 제법 높은 산을 지나야 했다. 그곳에서 아이언빌리지를 내려다보니 마을을 뺑 둘러 가시덤불로 된 높은 담장이 쳐져 있었다. 마치 거대한 감옥처럼 느껴졌다.

"왜 이렇게 높은 담장을 만들었어요?"

"우린 예전에 인간의 지배를 받았는데, 그들은 우리
동물들을 학대했지요. 우리는 용맹한 지도자 사자님 덕분에
혁명에 성공해 자유를 얻었지요. 하지만 여전히 언제 인간이
공격해 올지 몰라 대비해야 해요. 저건 우리의 방어막이죠.
'아이언 커튼', 즉 철의 장막이라고 부른답니다."

여우가 속삭이듯 말해서 새미는 귀를 쫑긋거리며 주의깊게
들어야 했다. 마침내 마을에 도착했다. 마을 중심부에는
큰 사자상이 있었다. 사자상은 아주 웅장했다. 흥미롭게도
사자상 밑에는 '그는 언제나 옳다'라는 글귀가 빨간색으로
선명하게 새겨져 있었다.

"어째서 그가 언제나 옳다는 거죠?"

"사자님은 늘 평등한 세상을 말해 왔으니까요. 그의 빛나는
지도력이 없었다면 아마 인간들을 물리치기도 힘들었을
테고, 지금처럼 마을을 유지하기도 불가능했을 거예요."

새미는 사자에 대한 호기심이 생겼다. 언제나 옳은 존재로
칭송받는 그에게서 정의에 대한 해답을 얻을 수 있을
듯했다.

'만날 수만 있다면!'

이때 셰퍼드가 급히 뛰어와서 말했다.

"이제부터 옷을 단정히 해라. 사자님이 널 데리고 오라고
하셨다."

"네에?"

"이상 사회를 찾아다니는 너에 대한 보고를 받고, 사자님이
널 보자고 하신다. 그분을 뵙는 것은 매우 영광스러운
일이다."

새미는 셰퍼드를 따라 나섰다. 잠시 후 사자를 만날 수
있었다. 그는 위엄 있어 보이는 탐스럽고 긴 갈기를
갖고 있었다.

"안녕하신가!"

사자의 나지막하지만 근엄한 목소리에 새미는 주눅이
들었다. 사자는 굽이 높은 백구두를 신고 있어 키가
훨씬 커 보였다. 그리고 손목에는 황금빛 시계를 차고
있었다. 보통 동물들에게서 보지 못한 모습이었다.
자세히 보니 사자의 얼굴이 불그레했다.

"안녕하세요. 저는 정의로운 마을을 찾아다니고 있어요.
스머프빌리지에서 사자님의 마을이야말로 유토피아를
실현했다고 해서 왔어요."
"그렇구나. 그럼 최근에 돌아가신 허스키님을 알겠구나.
그분은 내 스승님이나 다름없어. 그분의 이론에 따라 나는
우리 마을의 동물들을 설득했고, 결국 인간의 지배를
물리쳤지."
"그분의 이론이라면 저도 들었어요. 건물이나 땅을 개인이
소유해서는 안 되고, 권력도 모두가 나눠 가져야 한다는…."

"응, 맞아. 우린 자본을 가진 인간이 지배하는 세상에서 고통스럽게 살아가다가, 허스키님의 공산주의 사상을 발견한 거야. 그 이상을 좇아 결국 인간을 물리치고 함께 일하는 집단농장을 만들었지. 합심해서 일을 한 덕분에 우리는 이제 어느 마을에도 뒤지지 않는 생산력을 갖게 되었지."

"이상을 현실로 만든 거네요."

"응, 이제 우리는 모두가 평등하게 일해. 모든 것을 공적으로 소유하고, 모두가 참여하는 정치를 통해 생산물을 분배하지."

새미는 스머프빌리지의 표범이 아이언빌리지에 대해 우려했던 것이 떠올랐다. 표범은 독재자가 지배하는 것을 걱정했는데, 이런 식의 독재라면 용인할 수 있겠다는 생각이 들었다. 하지만 셰퍼드의 무뚝뚝하고 매서운 감시의 눈초리가 계속 마음에 걸렸다. 이때 사자가 말했다.

"이웃 마을에서 나를 독재자라고 말하기도 하더군. 어찌
보면 일리 있는 말이야. 이상을 현실로 만들려고 하다 보니
어려움이 많아. 특히 반대하는 무리들이 호시탐탐 반혁명을
꿈꾸거든. 동물들 중에 인간의 사주를 받은 스파이도 많지.
그래서 난 어쩔 수 없이 경찰을 늘릴 수밖에 없었단다. 특히
이웃 자본주의 마을들과의 경쟁에서 생존하려면 우리
동물들이 더욱 열심히 일해서 마을의 경쟁력을 높여야
하거든."

새미는 사자가 자신의 생각을 읽고 있다는 생각이 들어
두려워졌다. 경쟁을 강조하고 경찰력 강화가 불가피하다는
그의 말에 의심이 들었지만 사자에게 직접 물어볼 수는
없었다.
'주민들을 만나봐야겠다!'
새미는 사자의 말에 동의하는 척하면서 집단농장을 방문해
보고 싶다고 말했다. 순간 사자는 못마땅한 표정을 지었다.
곧 그는 손목시계를 보면서 자신도 일정이 있으니 그만
헤어지자고 말했다. 그리고는 여우에게 새미를 안내하라고
차갑게 지시했다.

집단농장은 매우 넓었다. 바둑판처럼 잘 구획된 밭과 들에서
마치 기계처럼 동물들이 일하고 있었다. 군데군데 동물들을
감시하는 셰퍼드가 보였고, 한 치의 오차도 없이 일이
이루어지고 있었다.

그 모습에 컨베이어 벨트 앞에 서서 일하던 마켓빌리지의
동물들이 연상되었다. 새미는 동물들의 표정이 어두워서
내심 당황했지만 그래도 쇼핑몰빌리지의 불평등보다는
나을 거라고 생각했다. 새미는 이제 돌아가야겠다고
여우에게 말했다. 그러자 여우가 속삭이며 말했다.

"맘에 들어요, 우리 마을이?"
"아…, 네…."
"사실 우리 마을 동물들은 아이언빌리지를 '속삭이는
사회'라고 불러요. 모든 동물들이 속삭이며 말하기
때문이죠. 두 종류의 속삭임이 있는데, 누가 엿들을까 봐
두려워서 속삭이는 것과 당국에 몰래 고자질하느라
속삭이는 것!"

새미는 놀랐다. 사자는 여우를 매우 신뢰하는 듯이 보였고, 조금 전까지만 해도 여우 또한 사자를 존경하는 듯이 보였기 때문이다. 그런데 지금 여우는 아이언빌리지를 비판하고 있는 것이 아닌가!

"나는 사자님 당의 소속원이에요. 하지만 사자를 믿어서가
아니라 나와 가족이 의심받지 않기 위해 당원이 된 거죠.
살아남기 위해서…. 당신이 우리 마을을 유토피아로
오해하고 이웃 마을에 이야기할까 봐 떠나기 전에 솔직하게
말하는 거예요."

새미는 여우를 쳐다보았다. 여우의 얼굴에는 비장함이 서려
있었다.

"우리 마을에서 모든 동물은 평등하지요. 하지만 어떤
동물은 평등을 관리한다는 명분으로 우리 위에 군림해요.
그래서 우리는 자조적으로 말한답니다. '모든 동물은
평등하다. 어떤 동물들은 더욱 평등하다'라고."

새미는 여우의 말을 들으면서 평등한 사회를 지키기 위해
경찰력을 동원할 수밖에 없다는 사자의 말을 떠올렸다.
여우가 계속 말했다.

"우리는 평등한 세상을 위해 인간을 물리쳤어요. 그때 우리는 '물을 마시는 것은 좋고, 포도주를 먹는 것은 나쁘다'라고 선언했지요. 하지만 요즘은 '물을 마시는 것은 좋고, 포도주를 마시는 것은 더욱 좋다'로 바뀌었어요."

그때서야 새미는 왜 사자가 손목시계를 차고 백구두를 신고 있었는지, 얼굴은 왜 벌겋게 돼 있었는지 이해가 갔다. 인간 따라하기! 그러고 보니 사자의 집 현관 신발장에는 구두가 가득했고 거실 진열장에는 포도주가 빼곡하게 채워져 있었다. 언뜻 본 그의 침실 침대도 인간의 것 그대로였다. 여우는 속삭이면서 말을 이어 갔다.

"사적 소유는 없어졌지만 농장 소유주는 사라지지 않았어요. 그게 관료이고, 사자님이죠. 이러다 보니 저항이 불가피해요. 하지만 저항하다 잡히면 취조를 당합니다. 사자님은 은밀히 취조의 원칙을 말했지요. '비티 비티 이 비티!'라고."
"비티 비티 이 비티요?"

"네. 자백을 받을 때까지 '때리고 때리고 또 때려라!'라는 뜻이에요."

여우는 계속 주위를 두리번거리면서도, 바깥에 나가면 아이언빌리지의 실상을 알려 달라고 부탁했다. 새미는 더 이상 여우의 말을 들어서는 안 될 것 같았다. '누군가 여우와 나의 대화를 듣고 사자에게 속삭이면 어쩌지? 혹시 여우가 나를 떠보는 것이라면?' 두려움이 밀려왔다. 서둘러 여우에게 작별을 고하고 아이언빌리지 밖으로 나섰다. 문득 뒤를 돌아보니 셰퍼드 여럿이 새미를 쳐다보면서 뭔가를 의논하는 듯 보였다. 새미는 겁이 나서 냅다 뛰기 시작했다.

밤이 깊었지만 새미는 아이언빌리지의 충격에서 쉽게 벗어나지 못했다. 결국 새미는 코뿔소와 표범에게 편지 쓰기를 포기했다. 허스키의 사망에 이어 아이언빌리지의 암울한 소식까지 들으면 크게 실망할 것이기 때문이다. 새미는 정의의 실마리조차 찾지 못한 느낌이 들었다. 어두운 밤만큼 한숨도 깊어졌다.

비버의 공동체 구상

날이 밝았다. 실망이 클수록 고향 생각이 더욱 간절했다.
하지만 아직 미카엘라 요정에게 선물할 정의를 찾지 못했다.
이제 평등 공동체 중에서 남은 것은 웰페어빌리지뿐이었다.
'저기에도 정의가 없으면 어쩌지?'
팻말이 가리키는 곳으로 갔지만 마을이 보이지 않았다. 산을
넘고 골짜기에 접어들었다. 골짜기를 조금 오르니 드디어
마을이 나타났다. 새미가 마을 어귀 시냇가에 있는
큰 나무에 오르려는데 나무 밑에 누군가가 있었다.
비버였다. 비버는 무엇인가를 유심히 관찰하고 있었다.

"안녕하세요?"
"쉬이잇!"

비버는 검지를 입술에 대고 조용히 하라고 했다. 살금살금
다가가 비버가 가리키는 곳을 보니 멀리서 두더지들이
활발하게 움직이고 있었다. 한쪽에서는 빵을 팔고, 직물을
짜고, 수레에 과일을 실어 나르고 있었고, 다른 한쪽에서는
아이들이 선생님과 함께 공부를 하고 있었다.

새미는 비버를 쳐다보았다. 비버는 한참이 지나서야 흐뭇한
표정으로 새미를 돌아보며 말했다.

"안녕하세요. 여기 분은 아니신데, 어디에서 오셨어요?"

어른인 비버가 소녀인 자신에게 존댓말을 하는 것이
신기했지만, 예의를 중시하는 어른이라고만 생각했다.

"저는 정의를 찾아다니고 있어요. 웰페어빌리지에 제가
찾는 정의가 있을까 해서 왔어요."
"마침 잘 왔어요. 저기를 보세요. 두더지들은 우리 마을,
이곳 웰페어빌리지에 일하러 온 이웃 마을 나미비아의
동물들이에요. 처음에는 일자리를 찾으려고 하지도 않고,
매일 술이나 마시며 싸움을 하고, 아이들을 학교에 보내지도
않았죠."
"믿어지지 않아요. 지금 저렇게 열심히 일하고 공부하고
있잖아요?"

"하하. 저건 우리의 정책 덕분에 달라진 모습이에요. 우리는
고심 끝에 저들에게 2년 동안 기본소득을 주기로 했거든요.
비록 적은 액수이지만 매달 모두에게 돈을 주면 저들이
어떻게 달라질지 실험을 하는 중인데 이제 1년이 지나고
있어요."

"우와! 그냥 공짜로 모두에게 돈을 줘요?"

"맞아요. 우리 마을 동물들도 처음에는 이 실험에 반대를
했어요. 저들에게 돈을 주면 그 돈으로 술을 사 먹을 뿐
의존성만 늘고, 오히려 이민자들이 더 증가할 거라며
반대했죠."

"일리가 있네요."

"그런데 1년이 지나고 나니, 그 돈으로 수레를 사서
운수업을 하기도 하고, 재봉틀을 사서 옷을 만들기도 하고,
빵기계를 사서 빵을 만들기도 하고…. 지금은 이렇게 시장이
살아났어요."

두더지들에게 준 돈 덕분에 시장이 활기차게 돌아갔다.
그 돈으로 생산도 하고 소비도 했다. 비버의 설명은
계속되었다.

"더 놀라운 것은 돈이 생기니 아이들을 학교에 보내기
시작한 거예요. 보세요."

비록 아이들의 옷은 남루했지만, 표정은 밝았다. 선생님도
신이 나 있는 듯이 보였다. 선생님과 학생들의 대화가
새미에게까지 들렸다.

"각자의 꿈을 말해 볼까요?"

"저는 공부를 열심히 해서 선생님처럼 훌륭한 교사가 되고 싶어요. 배우는 것이 이렇게 신나는 일이라니, 저희를 가르치시는 선생님은 정말 중요한 분인 것 같아요."

"저는 엔지니어가 되려고요. 빵기계, 농기계, 방적기 등 다양한 기계를 개발해서 우리 마을을 더 잘사는 마을로 만들고 싶어요."

비버가 만족스럽다는 듯이 빙그레 웃으며 말했다.

"대단하죠? 기본적인 인프라를 구축하고 먹거리를 주면 누구나 다 자신의 잠재력을 발휘할 수 있습니다. 우리 웰페어빌리지는 게을러서 빈곤한 것이 아니라 빈곤해서 게을러지는 것이라는 신념을 갖고 두더지를 위한 정책을 만들었어요. 그리고 보시다시피 정책은 성공했답니다."

비버는 자랑스러워하며 말했다. 새미는 웰페어빌리지의
동물들이 대단해 보였다. 다른 마을에서 온 동물들에 대한
지원에 동의했다는 사실에 깊은 인상을 받았다. 오즈의
마을에선 이런 정책을 실행하려면 엄청난 저항에
직면했을 텐데. 그런 생각에 미치자 궁금증이 더해 갔다.

"우리 마을에서라면 불가능했을 텐데, 웰페어빌리지의
동물들은 어떻게 이런 정책을 받아들였을까요?"
"전쟁과 빈곤을 경험하면서 서로 돕고 사는 것이 가장
안전하다는 것을 깨달았기 때문이죠. 연대와 평등 의식은
우리 공동체의 삶과 방향을 바꾸었어요. 그래서 다른 마을
동물들에 대한 원조에도 적극적인 거죠."

솔직히 새미는 오즈의 마을 주민들과 비교하면 할수록
이 마을의 시민 의식이 부러웠다. 비버가 말을 이었다.

"처음엔 우리도 부자들의 격렬한 반대에 직면했어요.
하지만 반대가 심할수록 동물들은 힘을 합쳐 더 적극적으로
정치에 참여했어요. 그 결과 역사적인 대타협이
만들어졌지요."

'암~, 공짜로 얻어지는 교훈은 없지.'
대단하게만 보이던 웰페어빌리지의 시민들이 친근하게
느껴졌다.
'그렇다면 나미비아도 웰페어빌리지처럼 될 수 있을까?'
새미는 비버에게 물었다.

"그럼 이웃 마을 나미비아에도 이런 도움을 주면 어떨까요?"

비버는 빙그레 웃으면서 웰페어빌리지의 도움으로 이미
나미비아에서도 기본소득 실험을 시작했다고 말했다.
새미는 또 다른 의문이 생겼다.

"2년만 기본소득을 준다고 했는데, 2년 후엔 어떻게 돼요?"
"2년 정도라면 잠재력을 발견하여 스스로 알아서 살아가지
않을까요? 아마도 그 이상의 지원은 우리 웰페어빌리지의
동물들도 반대할 거예요!"

새미는 고개를 갸우뚱했다.
'2년이라고? 그 사이에 자생력이 생길 수 있을까?'

"만약 나미비아 동물들이 2년 후에도 스스로 살아갈 힘을
키우지 못한다면 웰페어빌리지로 몰려오지 않을까요?
그러면 어떻게 하죠?"

새미의 질문은 비버 스스로도 고민해 온 문제를 다시
떠올리게 했다. 갈수록 마을 동물들 사이의 격차가 벌어질
뿐만 아니라, 마을들 사이의 불평등도 심각해지고 있었다.
이로 인해 불법 이주 동물이 많아져 사회 문제가 되고
있었다. 외부 동물 추방 정책을 주장하는 정당도 나타났고,
웰페어빌리지의 주민 가운데 일부는 이 정당을 지지하였다.
비버가 대답을 하기도 전에 새미의 질문이 이어졌다.

"혹시 나미비아 동물들이 웰페어빌리지와 달리 애초에 왜
빈곤해졌는지 아세요? 그 원인을 찾아 해결책을 만든다면
나미비아 동물은 자신의 마을을 떠나지 않고 살 테고,
그렇다면 웰페어빌리지는 안전하지 않을까요?"

비버는 뜨끔했다. 웰페어빌리지의 경제적 풍요는 사실 이웃
마을 나미비아 동물들의 싼 노동력 덕분에 가능했다. 그래서
웰페어빌리지가 부유해질수록 나미비아는 더 가난해졌다.
비버는 깊은 신음을 토했다. 이때 새미가 말했다.

"자꾸 질문만 해서 죄송해요. 하지만 너무 궁금해요. 모든
마을이 웰페어빌리지처럼 잘살면 좋겠지만, 그러자면
우리가 사는 숲의 환경은 자꾸 나빠지게 되잖아요.
이 문제는 어떻게 해야 돼요?"

사실 그랬다! 웰페어빌리지의 복지를 위해서는 경제가 성장해야 하고, 그 과정에서 자연환경은 점점 나빠졌기 때문이다. 비버는 새미의 질문에 답할 말이 떠오르지 않아 곤혹스러웠다.

"다람쥐님, 정의를 찾아다닌다고 했죠. 우리가 현재 직면해 있는 문제들을 해결할 수 있는 정의를 찾으면 다시 한번 우리 마을을 방문해 주세요. 행운을 빌며 기다리겠습니다."

순간 새미는 괜한 질문을 했다는 후회가 들었다.

'웰페어빌리지는 지금까지 본 마을들 중에 그래도 그런대로 괜찮지 않았는가! 그냥 이 마을을 정의로운 사회로, 이 마을의 동물들을 정의로운 시민으로 생각하고 요정님께 가져갈 수 있었으면 좋았을 것을! 그런데 괜한 질문 때문에 비버가 곤혹스러워하는 모습을 봐 버렸구나…. 아, 도대체 정의는 어디에 있단 말인가!'

한숨이 나왔다.

인사를 하는 둥 마는 둥 하면서 새미는 터덜터덜 힘겹게 웰페어빌리지를 빠져나왔다. 몸이 이렇게 무겁게 느껴진 것은 처음이었다. 다른 한편으론 비버에게 미안한 마음도 들었다.

'그가 자신의 마을을 얼마나 자랑스러워했던가!'

자신의 호기심과 질문이 모두를 만족시킬 정의를 찾는 데 방해가 되는 것은 아닌가 하는 생각까지 들었다.

마음이 복잡했다.

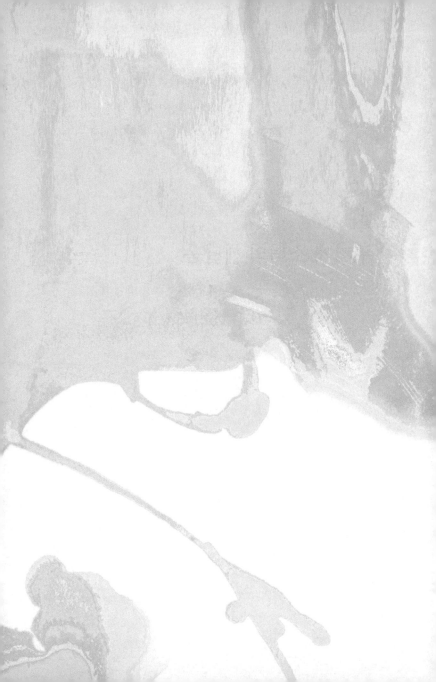

닫는 장

무지개 소녀의 깨달음

새미는 길을 걸으며 생각했다.

'이제 집으로 가야 할 시간이야. 미카엘라 요정님께 선물할 정의는 아직 찾지 못했지만 언제까지 무한정 여행을 할 수는 없어.'

새미는 난감하고 우울했다. 몸이 예전 같지 않게 느껴지고, 자꾸 고향과 가족 생각이 나서 견딜 수가 없었다.

'그래, 이제 집으로 돌아가자. 요정님도 이해하실 거야!'

"빨주노초파남보, 내 고향 오즈의 마을로! Go. Go. Go!"

눈 깜짝할 사이에 무지개는 낯익은 곳으로 데려다주었다. 미카엘라의 성이었다. 가까이 다가가자 끼익 소리를 내며 성문이 열렸다. 저만큼 앞에 미카엘라 요정이 서 있었다. 그런데 웬일인지 요정은 슬퍼 보였다. 자주색 눈가리개를 하고 있는 것은 여전했으나, 못 보던 두건을 머리에 쓰고 있었다. 요정이 새미를 알아보고 안부를 물었다.

"반가워요. 몸이 아픈 데는 없어요?"

요정의 목소리는 기운이 없었다. 그리고 예전과는 달리
자신에게 존댓말을 쓰고 있는데 영 어색했다.

"네, 저는 괜찮아요. 그런데 미카엘라 요정님, 정의를 찾지
못했어요. 죄송해요."
"네? 그렇게 오랜 시간을 다녔는데, 아무런 성과가
없었다니!"

요정은 크게 실망한 표정이었고, 목소리에는 분노가 섞여
있었다. 새미는 미안한 맘에 어찌할 바를 몰랐다.

"저 그게…. 동물들의 생각이 너무 달랐어요. 효용만
중시하는 동물, 무지의 베일을 쓴 동물, 공동체의 가치를
중시하는 동물, 개인이 아니라 계급이 문제라고 하는
동물…. 제가 찾아간 마을의 동물들은 마치 약속이라도
한 것처럼 저마다 다른 정의를 갖고 있었어요."

"좀 부족하더라도 맘에 드는 정의의 마을이 정녕 없었나요?"
"있었죠. 다들 저마다 자기 마을이 유토피아라고
주장했거든요. 윤리를 실현했다고 하고, 자유나 평등을
실현했다고도 했어요. 처음 설명을 들을 땐 그럴듯했죠.
하지만 조금만 살펴보면 다 허점투성이였어요."

새미는 자신이 정의를 찾기 위해 얼마나 열심히 다녔고
많은 토론을 했는지를 설명했다. 결과적으로 정의를
찾지 못해 죄송하다는 말과 함께. 가만히 듣고 있던 요정이
점점 곤혹스러운 표정을 짓더니 말했다.

"음, 이제 충분히 알겠어요. 최선을 다했군요. 그래서
전 더 당황스러워요. 애초에 이 세상에 모두가 수긍하는
정의란 없는 것이 아닌가 하는 생각이 들어서요."

요정의 말에 새미의 머리를 탁 스치는 생각이 있었다.
'정의가 없을 수도 있다고? 내가 왜 그 생각을 못했을까!'
순간 정적이 흘렀다.

닫는 장 무지개 소녀의 깨달음

"요정님, 이제야 깨달았어요. 정의는 있어요. 하지만 각자의 마음속에 서로 다른 정의가 있는 거죠. 그래서 정의는 없는 거예요. 이 세상에 합의된 정의란 없단 말이에요!"

새미는 흥분해서 큰 소리로 말했다.

"결국 정의는 끊임없는 질문들 속에 있어요. 저는 호기심과 질문이 많은 제 특성 때문에 정의를 정의하지 못한다고 생각했는데, 이제 보니 정의는 어딘가에 존재하는 것이 아니라 끊임없는 질문 속에 움직이는 것이었어요. 왜 이 간단한 진리를 지금에야 알게 되었을까요!"

새미는 세상의 큰 진리를 깨달은 듯이 보였다.

"그러니 요정님도 이제 눈가리개를 벗어 던지세요. 그리고 지혜로운 요정님이 생각하고 있는 정의를 세상에 대고 외치세요. 그러면 저 같은 다른 동물들이 질문을 할 거예요. 질문에 대답하고, 또 수정하고, 또 대답하고…. 이 과정에서 요정님만의 정의가 생겨날 거예요."

새미가 흥분해서 외치는 것과는 대조적으로 요정의 얼굴은
점점 굳어졌다. 하지만 새미는 이를 알아차리지 못했다.

"눈가리개를 어서 벗으세요! 그리고 밖으로 나가 다양한
동물들을 만나세요. 제가 만났던 코뿔소, 사슴, 고양이,
고릴라 등 모든 동물을 소개해 드릴게요. 그리고 직접
마을들도 방문해 보세요. 제가 함께할게요."

요정의 표정은 점점 더 일그러졌고, 결국에는 눈가리개
사이로 눈물이 흘러내렸다. 요정이 한참 만에 입을 열었다.

"침착하게 제 말을 들어 주세요. 실망하지 말고!"
"뭐든 말씀하세요. 저는 늘 요정님을 따를 테니까요!"
"사실 저는 시각장애인이에요. 태어나자마자 부모님이
깊은 산속으로 데려와 키웠고, 저를 보러 오는 동물들에게
눈가리개를 씌우고 요정이라고 거짓말을 했어요. 전 나중에
알았어요. 부모님이 정의의 여신 디케를 모방했다는 것을요.
흑흑흑…. 미안해요. 저라도 진실을 말했어야 했는데,
그러지 못했어요."

닫는 장 무지개 소녀의 깨달음

요정의 말은 충격 그 자체였다. 그것도 모르고 요정에게
정의를 가져다주기 위해 그렇게 열심히 다녔다니. 새미는
순간 깨달았다.
'왜 우리 마을 이름이 오즈의 마을인지 이제 알겠어. 엄마가
들려준 동화책『오즈의 마법사』에서 나중에 마법사가
사기꾼이라는 것이 밝혀졌잖아. 누군가 이 요정이 오즈의
마법사처럼 사기꾼이라는 것을 깨닫고 우리 마을의 이름을
지은 것이 아닐까?'
이때 요정이 말했다.

"새미 할머니, 고마워요. 이제 눈가리개를 벗고, 더 이상
거짓말을 하지 않으며 나답게 살아갈게요. 아직은 좀
두렵지만 오즈의 마을 동물들부터 만나 볼래요. 제가 가진
장애를 밝히고 저의 생각을 당당하게 이야기해 볼게요. 제게
정의를 깨우쳐 줘서 진심으로 고마워요."
"제가 할머니라고요?"

새미는 요정의 변화된 태도보다 자신을 할머니라고 부르는
것에 더 놀랐다. 그러자 요정이 말했다.

"모르셨군요. 무지개를 한 번 타면 12년의 시간이 흘러요.
그동안 60년이 흘렀으니 무지개로 다섯 번 이동한
모양이군요. 흠, 그러니깐 지금 68살이네요.
전 90살이에요."

요정이 두건을 벗자 온통 백발인 머리가 드러났다.
소스라치게 놀란 새미는 옆에 있는 큰 거울로 달려가 자신을
비추었다. 아! 거울에 비친 모습은 더 이상 소녀가 아니었다.
낯설면서도 어딘가 익숙한 얼굴의 노인이었다.
'저게 나라고! 이럴 수가!'
새미, 아니 새미 할머니는 예전에 엄마가 들려주었던
무지개 소년 이야기가 퍼뜩 떠올랐다. 무지개 너머 저편에
진리가 있다고 믿고 찾아다니다 결국엔 할아버지가
되었다는 소년의 이야기! 탄식이 저절로 나왔다.

'내가 허송세월을 보냈구나. 60년 전 마을에 수해가 났을 때 마을을 떠나지 않고, 문제를 해결하기 위해 주민들과 함께 토론하고 고민했다면 나는 내 나름의 정의관을 갖게 되었을 텐데! 그러면 가족과 마을 동물들과 함께 행복했을 텐데!'

여기까지 생각이 미치자 요정이 원망스러웠다. 그러나 이내 요정이 마지막까지 자신을 말렸던 것이 생각났다.
'아, 그래서 자꾸 빨리 돌아오라고 했구나.'
새미 할머니는 이제 가족의 안부가 궁금할 뿐이었다. 마음이 급해졌다.
'엄마는? 동생은? 아빠는? 그리고 돼지 아저씨, 두더지 할아버지는?'
새미 할머니는 미안하다는 요정의 말에 귀 기울일 겨를도 없이 다시 찾아오겠다는 인사를 남기고 마을로 향했다.
마음만큼 몸이 따라 주지 않았다. 그래도 쉬지 않고 달린 덕에 저 멀리 오즈의 마을이 서서히 보이기 시작했다.
새미 할머니의 한참 뒤에서는 요정이 느리지만 꾸준히 걷고 있었다. 그는 왠지 편안한 표정이었고 더 이상 눈가리개를 하지 않고 있었다.

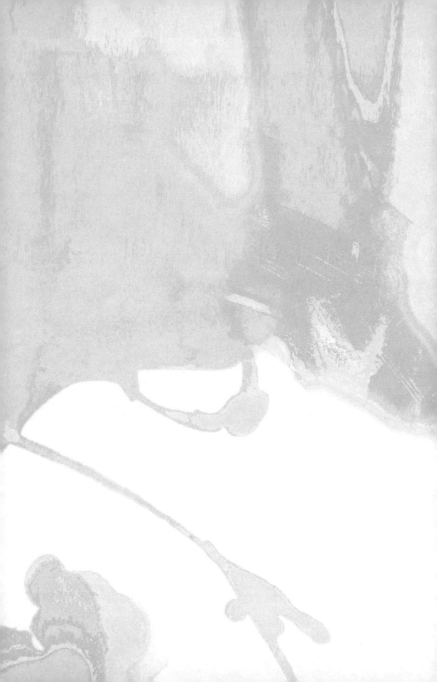

해설

이 책을 더 재미있게 읽기 위하여

1. 이야기 구성

이야기의 관점과 목적

정의는 정의로운가? 모든 이념은 자신이 가장 정의롭다고 주장한다. 자유주의, 사회민주주의, 사회주의, 아나키즘, 페미니즘 등의 모든 이념은 자신의 정의를 관철하기 위해 노력한다. 정당도 정의를 실현하는 것을 목표로 한다. 민주정의당, 정의당, 민주당, 공화당 등 모든 정당들이 정의를 표방한다.

그런데 자본주의 사회의 불평등은 노력의 결과이기 때문에 자연스럽다고 보는 자유주의와, 착취의 결과이기 때문에 생산수단의 사회화를 통해 자본주의를 철폐해야 한다는 사회주의가 같은 정의를 공유할 수 있을까? 1981년 전두환을 중심으로 한 신군부 세력이 만든 정당의 이름이 '민주정의당'이고, 사회민주주의를 표방하는 진보정당의 이름이 '정의당'인데, 두 정당이 추구하는 정의가 같을 수 있을까?

이처럼 정의는 나와 다른 의견을 가진 사람에게는 정의롭지 않다. 이런 현실 앞에서 이 책은 다음과 같은 기본 관점을 취하고 있다.

각자가 주장하는 정의(Justice)가 존재한다.
여러 이념과 정당들의 정의는 서로 다르다.
따라서 정의들(justices)이 존재한다.
수많은 정의들 중에서 진정한 정의는 어떤 것일까?

이 책은 정의를 이야기한 주요 철학자와 이론가를 찾아 나선다. 이들의 정의관을 알기 쉽게 소개하고, 강점과 함께 취약점도 보여 준다. 그 일을 호기심 많은 다람쥐 소녀(무지개 소녀) 새미가 하고 있다.

이 책은 정의를 논할 때 경제적 불평등과 정치적 불평등에 초점을 맞춘다. 경제적 불평등은 자본주의의 사적 소유를 어떻게 볼 것인가에 대한 논의와 연결되어 있다. 정치적 불평등은 누가 권력을 쥐고 가치분배를 할 때 결정적 역할을 하는가에 대한 논의로, 민주주의와 연결되어 있다. 이런 문제들에 대해 체계적으로 답하려는 시도가 바로 이념이다.

이념의 핵심 기준은 자유와 평등에 있다. 자유주의자들은 경제적 평등을 추구하다 보면 개인의 자유가 억압된다고 본다. 정의는 열심히 일해서 노력한 만큼 갖는 것이기에 이에 따른 불평등은 불가피한 것이라고 본다. 자유주의자들은 이 과정과 결과에 개입하면 자유가 억압될 수밖에 없다고 주장하면서 일체의 개입이 전체주의와 동일하다고 생각한다. 이런 맥락에서 민주주의는 자유로운 개인들이 정치 시장에서 발언하고 투표권을 행사함으로써 참여를 통해 만들어진다고 본다.

그렇다면 자유주의자들은 불평등에 무관심할까? 자유주의자들은 자유로운 경쟁 과정에서 발생하는 불평등은 자유의 가치에 비해 부차적인 문제로 파악한다. 하지만 자선이나 복지 정책을 통해 불평등을 완화할 수 있다고 생각한다. 노블레스 오블리주(사회 고위층에게 요구되는 높은 수준의 도덕적 의무)처럼 개인의 자선이나 선별된 취약 계층에 대한 국가의 원조에 의존하려고 한다.

반면 평등주의자들은 계급 간 불평등이 존재하는 상황에서 개인의 자유는 허울일 뿐이라고 본다. 즉, 있는 사람은 자유를 맘껏 누릴 수 있지만 없는 사람에게 자유란 그림의 떡일 뿐이라고 주장한다. 사회보장이 미비한 사회에서 노동조합이 없는 공장의 노동자가 과연 해고 위험을 감수하면서 사장과 다른 의견을 낼 수 있을까? 이런 상황에서 어떻게 자유를 누릴 수 있겠는가. 그래서 경제적 평등이 보장되어야만 실질적인 민주주의가 가능하다고 본다.

그렇다면 평등주의자들은 자유에 대해 무관심할까? 그렇지 않다. 다만 이들은 조건이 다른 상황에서는 개개인들이 자유를 평등하게 누릴 수 없다고 본다. 조건의 평등이 전제되어야 자유가 가능하다는 것이다. 그래서 자유의 전제 조건으로 사회보장이나 생산수단의 사회화를 추구한다.

이 책의 1부 '유토피아' 편에서는 계급 간 불평등이 정의로운 공동체의 조건이라고 주장하는 플라톤과 사유재산을 철폐하고 민주주의를 이루는 것이 정의로운 공동체의 조건이라고 주장하는 토머스 모어를 소개한다. 플라톤은 통치자 계급, 수호자 계급, 생산자 계급이 각자의 책임을 다하는 사회를 유토피아로 보고, 계급 간 조화를 유토피아의 핵심적인 특징으로 제시했다. 반면 토머스 모어는 사적 소유가 압도하는 사회에서 인간은 자유로울 수 없다고 보고, 재산과 주택 등이 공적 소유로 전환된 유토피아를 꿈꿨다.

자유와 평등에 대한 본격적인 논의는 3부 '자유 공동체'와 4부 '평등 공동체'에서 다루어진다. 흥미로운 것은 자유와 평등 분야에 서로 다른 주장을 하는 철학자가 여럿 있다는 점이다. 각 주제 영역 안에서도 생각이 다르기 때문이다.

이 책의 2부 '윤리 공동체'에서는 윤리 측면에서의 정의론을 소개한다. 윤리가 행복한 삶의 규칙과 행위에 대한 논의라면 정의는 옳음에 대한 논의이다. 인간이 행복해지는 데 스스로 옳고 그른지의 문제를 간과할 수 없다는 차원에서 정의론은 윤리론과 깊은 연관이 있다. 이 책에서는 이마누엘 칸트의 의무론적 윤리관과 제러미 벤담의 공리주의 윤리관을 소개한다. 일반적으로 윤리론을 설명할 때, 공동체의 의무에 초점을 둔 아리스토텔레스의 덕 윤리론을 추가해 총 세 가지 관점에서 다룬다. 이들 세 윤리론은 이념의 측면에서 보면 자유주의와 깊이 연관되어 있고, 계급의 문제에 초점을 둔 사회주의 윤리와는 거리가 멀다. 사회주의 윤리는 이 책의 평등 공동체 편에서 찾아볼 수 있다. 사회주의에서는 자본주의의 불평등이 비윤리적이라고 주장한다. 그들 입장에서는 계급 간 착취가 없어져야만 윤리적 공동체가 가능하고, 착취를 없애는 길은 생산수단의 공적 소유에 있다고 본다.

그렇다면 이 책의 목적은 무엇인가? 하나의 정의가 아니라 다양한 정의들이 존재한다는 것을 보여 줌으로써 독자들이 혼란에 빠지도록 하는 것이 1차 목적이다. 그런 다음 이혼란이 내가 막연히 믿고 있던 정의에 대한 의문으로 변했으면 한다. 궁극적으로는 정의들의 늪에서 나만의 정의를 찾으려는 의지가 생겼으면 한다.

이 책의 또 다른 목적은 혼란, 의문, 의지로 연결되는 과정에서 다른 사람들의 생각을 궁금해 하고, 정의에 대해 함께 토론하도록 하는 데 있다. 여기서 다른 사람들이란 가족, 친구, 주변의 이웃 등을 말한다. 이 책이 이들과 함께하는 토론에서 매개 역할을 했으면 한다. 특히 아이들도 부모와 함께 정의에 대해 생각해 볼 수 있도록 주요 논점을 중심으로 쉽게 서술하고자 했다.

이 책의 목적이 더 있다면, 정의를 교양이 아니라 내 삶의 방향을 정하는 데 유용한 길잡이로 이해하도록 하는 것이다. 정의는 삶의 좌표이다. 삶의 좌표 없이는 자신이 어디로 가고 있는지, 제대로 가고 있는지 알 수가 없다. 따라서 이 책을 통해 자신과 공동체에 대해 성찰하고, 행동하는 삶으로 나아갈 수 있기를 기대한다.

이 책이 나왔을 때 가장 많이 받은 질문은 '모든 정의가 의심스럽다면, 정의는 없는 것이냐? 너무 회의적인 주장 아닌가' 하는 것이었다. 이 책은 이런 질문과 정반대의 입장으로, 정의의 존재를 강하게 낙관한다. 다만 고정불변의 정의가 주어진다고 생각하는 기존의 정의에 대한 태도를 비판하고 있는 것이다.

예를 들어 보자. 누구나 인간답게 살 권리를 가지고 있음을 의미하는 인권은 정의이다. 문제는 이에 대해 철학자, 시대, 상황에 따라 상이한 견해가 존재한다는 점이다. 그러므로 비판과 논쟁의 과정에서 끊임없이 인권이라는 정의를 찾으려고 노력해야 한다. 이때 중요한 것은 내가 방관자가 아니라 적극적인 주체가 되어야 한다는 점이다. 독자들이 정의를 찾는 여정의 진정한 여행자가 되길 진심으로 기원한다.

새미의 여행 과정

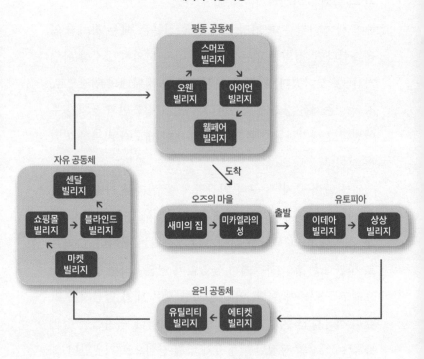

평등 공동체

스머프 빌리지

오웬 빌리지 → 아이언 빌리지

웰페어 빌리지

자유 공동체

센달 빌리지

쇼핑몰 빌리지 → 블라인드 빌리지

마켓 빌리지

도착

오즈의 마을

새미의 집 → 미카엘라의 성

출발

유토피아

이데아 빌리지 → 상상 빌리지

윤리 공동체

유틸리티 빌리지 ← 에티켓 빌리지

새미의 여행 과정

주인공 새미는 오즈의 마을에 산다. 그녀는 정의를 찾기 위해 열두 마을을 여행한다. 그리고 다시 오즈의 마을로 돌아온다.

처음으로 방문한 마을은 유토피아를 표방한 '이데아빌리지'와 '상상빌리지'이다. 유토피아에서 정의를 발견하지 못한 새미는 윤리 공동체를 찾아간다. 그곳에는 '에티켓빌리지'와 '유틸리티빌리지'가 있다. 여기서도 정의를 찾지 못한 새미는 자유 공동체('마켓빌리지', '쇼핑몰빌리지', '블라인드빌리지', '센달빌리지')와 평등 공동체('오웬빌리지', '스머프빌리지', '아이언빌리지', '웰페어빌리지')를 방문한다. 모두 열두 마을을 방문했지만 결국 새미는 정의를 찾지 못하고 요정에게 돌아간다.

등장 동물과 실제 인물

우화에는 많은 동물이 등장한다. 이 동물들 중에는 실제 인물을 패러디한 동물도 있다. 아래 제시된 표는 새미의 고향인 오즈의 마을을 포함해 총 13개의 마을에 등장하는 주요 동물들이 실제 어떤 철학자를 모델로 하였는지 정리한 것이다.

장소		등장 동물	실제 인물
오즈의 마을		새미, 미카엘라 요정	가상의 인물
유토피아	1. 이데아빌리지	코뿔소	플라톤
	2. 상상빌리지	표범	토머스 모어
윤리 공동체	3. 에티켓빌리지	사슴	이마누엘 칸트
	4. 유틸리티빌리지	너구리	제러미 벤담
자유 공동체	5. 마켓빌리지	고양이	애덤 스미스
	6. 쇼핑몰빌리지	하이에나, 여우	프리드리히 하이에크, 로버트 노직
	7. 블라인드빌리지	기린	존 롤스
	8. 센달빌리지	거위	마이클 샌델
평등 공동체	9. 오웬빌리지	고릴라	로버트 오웬
	10. 스머프빌리지	시베리안 허스키	카를 마르크스
	11. 아이언빌리지	사자	이오시프 스탈린
	12. 웰페어빌리지	비버	윌리엄 베버리지, 아마르티아 센

책 읽는 방법

이 책은 크게 본문인 우화와 우화의 내용과 철학자 등을 설

명한 해설로 구성되어 있다. 해설부터 읽는 것도 나쁜 선택
은 아니지만, 우화부터 먼저 읽을 것을 권한다. 우화를 읽으
며 생각하고 상상하는 재미를 만끽하기를 바라기 때문이다.

우화와 해설을 차례대로 읽은 다음 다시 우화를 읽는다면,
이 책을 읽는 최고의 독서법이 아닐까 한다. 보다 더 좋은 것
은 「좀 더 깊이 읽기」에 소개한 '함께 읽을 책'을 읽으며 정의
를 깊게 탐구하는 것이다.

자녀와 함께라면 우화를 같이 읽고 토론할 것을 권한다. 참
고로 유튜브에서 '사회복지정의론 강의'로 검색하면 볼 수 있
는 애니메이션 영상을 활용해도 좋다. 이 동영상은 한국방송
통신대학교 〈사회복지정의론〉 강의를 하면서 만든 것이다.

2. 좀 더 깊이 읽기

여는 장: 오즈의 마을

이 책의 주인공은 다람쥐 소녀다. 수많은 동물 중 다람쥐가 주인공인 이유는 무엇인가? 다람쥐는 민첩하고 영리해 보인다. 잘 돌아다니고 호기심이 많다. 특히 미래를 위해 양식을 곳곳에 저장해 두는 모습이 보기 좋다. 다람쥐 '소녀'인 이유는 무엇인가? 여성이 자유로울 수 있는 유토피아를 식별하기 위해서이다.

다람쥐 소녀의 이름은 '새미'다. 본문에 언급한 것처럼 호기심이 샘솟듯 하라는 뜻이다. 또한 복합문화서점인 '마샘'에서 연유한 이름이기도 하다. 마샘은 내가 참여하고 있는 '협동조합 마중물 문화광장'이 운영하는 서점 이름이다. 마샘은 '마중물 문화광장 샘'의 줄임말로, 마중물이 만든 샘, 마르지 않는 샘, 마중물 선생님을 의미한다.

새미는 요정에게 '무지개 소녀'라는 또 다른 이름을 받는다. 이때 무지개는 희망을 상징하는 동시에 허망함을 암시한다. 새미는 왜 무지개를 타고 다니는가? 이는 김동인 (1900~1951)의 단편 소설 「무지개」에서 따왔다. 다음은 「무지개」의 한 부분이다.

비가 개었다.
동시에 저편 들판 건너 숲 뒤에는 둥그렇게 무지개가 뻗쳤다.
오묘하신 하느님의 재주를 자랑하듯이, 칠색의 영롱한
무지개가 커다랗게 숲 이편 끝에서 저편 끝으로 걸치었다.
소년은 마루에 걸터앉아서 그것을 바라보고 있었다.
한나절을 황홀히 그 무지개를 바라보고 있던 소년은
마음속으로 커다란 결심을 하였다.
'저 무지개를 가져다가 뜰 안에 놓으면 얼마나 아름다울까!'

소설 속 소년은 무지개를 갖기 위해 온갖 고난을 이겨 내며 걷고 또 걸었지만 무지개를 소유하지 못한다. 이 소설의 마지막 장면은 비극적이다. 소년이 무지개를 단념하는 순간 "아직껏 검었던 머리는 갑자기 하얗게 되고, 그의 얼굴에는 전면에 수없이 주름살이 잡혔다."라고 서술되어 있다.

이 책에서도 정의를 찾으러 다녔던 새미가 결국에는 할머니가 된다. 소녀에서 할머니가 된 이 책의 설정에 대해 독자들은 아무리 우화지만 너무한 것 아니냐고 생각할지 모른다. 이것은 무지개 소년을 패러디한 것이다. 무지개를 뜰 안에 놓기 위해 젊은 시절을 허망하게 보낸 무지개 소년처럼 무지개 소녀 새미도 자신의 공간이 아닌 외부에서 정의를 찾느라 시간을 허비했다. 또한 이 설정은 정의가 쉽게 얻어지는 것이 아니라 정신적인 성숙의 시간이 필요하다는 것을 상징하기도 한다.

그렇다면 미카엘라 요정은 누구를 의미하는가? 바로 그리스·로마 신화에서 정의의 상징인 디케(Dike)이다. 디케는 눈가리개를 해서 판단의 편견을 없애려 한다. 그런데 제바스티안 브란트(Sebastian Brant, 1457~1521)가 쓴 『바보배』에 따르면 디케의 눈가리개는 바보가 씌운 것이다. 미카엘라 요정이 디케와 다른 것은 부모가 그의 시각 장애를 숨기기 위해 눈가리개를 씌웠다는 점이다.

독자들은 미카엘라에 대해 좋지 않은 감정을 가질지도 모른다. 새미를 속였기 때문이다. 미카엘라는 새미에게 무지개를 타면 세월이 빨리 흐른다는 사실을 말해 주었어야 했다.

이 부분은 프랭크 바움의 동화『오즈의 마법사』를 패러디한 것이다. 도로시가 만나고 싶어 했던 오즈의 마법사는 사실 사기꾼이었다. 새미가 사는 마을 이름도 오즈의 마을이다. 오즈의 마법사가 사기꾼인 것처럼 미카엘라 요정도 일종의 사기꾼이다. 오즈의 마법사는 마법사가 아닌 자신의 정체를 숨기기 위해서 거짓말이 불가피했다. 이 점에서 미카엘라도 어쩔 수 없었는지도 모른다.「무지개」에서 무지개 소년의 엄마는 아들이 너무 강하게 무지개를 열망하자 다녀오라고 허락한다. 어쩌면 미카엘라도 새미의 호기심이 너무 컸기 때문에 어쩔 수 없이 허락했는지도 모른다. 곧 돌아올 것이라 생각하면서.

　우화는 오즈의 마을에서 일어난 수해로부터 시작된다. 수해로 마을이 황폐해지자 마을의 동물들은 어려움을 어떻게 극복할 것인지에 대해 논쟁을 벌인다. 이 이야기는 2005년 초강력 허리케인 카트리나로 인해 엄청난 피해를 입은 미국의 뉴올리언스 지역을 실제 배경으로 한다. 당시 도시의 80%가 물에 잠기고 2천 명 가까이 사망했다. 뉴올리언스는 주민 중 흑인의 비중이 67%로 타 지역에 비해 빈곤층의 수가 많다. 그런데 허리케인으로 인한 심각한 피해는 주로 빈곤층 지역에서 발생했는데, 수해 복구는 부유층 지역부터 이루어졌다.

흥미로운 것은 당시 복구를 위한 지원을 둘러싸고 의견이 분분했다는 점이다. 공적인 지원에 대해 자유주의 경향의 학자들은 지원을 최소화해야 한다면서 경계했다. 이들은 물가가 치솟으면 외부에서 기업이 들어올 것이므로 시장이 스스로 해결할 수 있도록 기다려야 한다는 입장이었다. 하지만 시장의 덕을 보는 것은 기업가나 부동산업자들뿐이라며 반대하는 입장도 만만찮았다. 과연 정의는 무엇일까?

정의(正義)를 정의(定義)하는 것이 정의의 여신인 디케의 역할이다. 우화에서 디케를 상징하는 미카엘라는 정의의 칼과 정의를 재는 저울을 갖고 있다. 그렇다면 저울에 올릴 정의의 기준은 무엇일까? 이는 개인의 자유와 그 조건에 관심을 기울이는 입장과, 구성원들 사이의 평등과 그 조건에 관심을 갖는 입장으로 나뉜다. 앞서 뉴올리언스의 재난에 대해 상이한 입장을 취하는 세력들은 각자 자신이 정의롭다고 주장할 것이다. 그렇다면 나는 어떻게 보아야 할 것인가?

함께 읽을 책

자본주의는 그대로 두면 불평등이 시작된다. 불평등을 이해할 수 있는 입문서로 『부러진 사다리: 불평등은 어떻게 나를 조종하는가?』(키스 페인, 와이즈베리, 2017)를 추천한다. 그렇다면 불평등은 인간을 어떻게 지배하는가? 『무엇이 우리를 무능하게 만드는가』(마이클 페럴먼, 어바웃어북, 2014)는 자본주의가 작동하는 과정과 효과에 대해 서술하고 있다.

정의에 대한 입문서는 매우 많으므로, 여기에서는 정의에 대해 고민하게 하는 책 두 권을 소개한다. 『어느 독일인의 삶』(브룬힐데 폼젤, 열린책들, 2018)은 독일 나치 정권에 부역했던 공무원 폼젤의 이야기를 다룬다. 그녀는 정치에 무관심했던 자신이 왜 정치적 사건의 범죄자가 되었는지 죽을 때까지 성찰하지 않는다. 한편, 『드레퓌스 사건』(아르망 이스라엘, 자인, 2002)은 유대인이라는 이유로 누명을 써야 했던 유대인 장교에 대한 부당한 박해를 다룬다. 이 사건을 보노라면 정의는 정치적으로 규정되는 것일지도 모른다는 생각을 하게 된다.

첫 번째 마을_이데아빌리지

이데아빌리지의 주인공은 코뿔소이다. 코뿔소는 고대 그리스 철학자 플라톤(Platon, B.C. 428?~B.C. 347?)을 상징한다. 두 가지 이유 때문이다. 플라톤은 기골이 장대한 레슬링 선수 출신이다. 그는 청년 시절 레슬링 경기에서 두 번 우승한

경력이 있다. 그리고 그의 이름 '플라톤'은 그리스어로 체격이 좋다는 의미의 '플라토(Plato)'에서 따온 것이다. 이것이 플라톤을 건장한 코뿔소에 비유한 첫 번째 이유이다.

플라톤은 스승 소크라테스의 죽음 이후 10년 동안 여행을 떠났다가 돌아와서 아카데미아를 연다. 사형에 처해진 스승의 비참한 말로를 보면서 정치가로서 자신의 생각을 공동체에서 펼치기보다는 교육자로서 정치가 제자들을 길러 내려고 한다. 이러한 플라톤의 면모는 소설 『무소의 뿔처럼 혼자서 가라』(공지영, 2016, 해냄)로 유명해진 불교 경전에 나오는, 고집스레 홀로 자기 길을 가는 코뿔소(무소)의 뿔을 연상케 한다. 이것이 플라톤을 코뿔소에 비유한 두 번째 이유이다.

코뿔소는 이상 국가를 꿈꿨다. 그래서 마을 이름이 이데아 빌리지이다. 이데아는 그리스어의 이데아(idea) 혹은 에이도스(eidos)에서 기원한 것으로 시공간을 초월한 것, 정말로 늘 있는 것을 의미한다. 우리는 본래의 삼각형을 그릴 수 없다. 아무리 잘 그린 삼각형도 현미경으로 들여다보면 삐뚤삐뚤하다. 그러나 그런 삼각형을 지워도 삼각형의 이데아는 우리의 머릿속에 있다.

코뿔소가 그린 이상 국가는 세 계급이 각자 주어진 역할을 수행하면서 조화를 이룬 공동체였다. 여우는 통치자이자 엄밀한 학문인 수학을 하는 철학자를 의미한다. 그는 지혜롭다. 셰퍼드는 공동체를 지키는 수호자로서 용기를 가지고 있다. 두더지, 닭, 양 등은 일하는 존재로 욕망을 절제할 수 있어야 지속적으로 일을 할 수 있다. 이들이 각각 지혜, 용기, 절제를 가지고 자신의 역할에 충실할 때 공동체는 잘 돌아간다.

플라톤은 이데아를 아는 사람이 철인왕(哲人王)이라고 보았다. 그는 철인을 설명하기 위해 동굴의 우화를 예로 든다. 동굴 속에 갇혀 앞만 보고 있는 사람들은 뒤의 횃불이 비추는 그림자를 보고 판단을 한다. 하지만 이데아는 동굴 밖 태양 그 자체이다. 철인왕은 밖으로 나와 태양을 본다. 그는 가지계(可知界), 즉 '이성으로 볼 수 있는 세계'를 본다. 그는 태양을 보고 다시 동굴로 돌아오지만 그림자를 보는 사람들에게 이 사실을 알리지 않는다. 그들은 가시계(可視界), 즉 '시각 및 감각으로 느낀 세계'를 볼 뿐이기 때문이다. 이처럼 플라톤은 철인 이외의 사람들은 사실을 알려 주어도 알지 못할 뿐만 아니라, 각자의 인식과 지위의 차이가 있기 때문에 알려 주는 것이 곧 정의로운 것은 아니라고 보았다.

또한 플라톤은 조화를 파괴하려는 자, 예를 들어 수호자 계급에서 철인이 되려고 하는 자는 공동체를 파괴하려는 자이므로 감옥에 보내야 한다고 주장한다.

플라톤은 이상 국가를 가능하게 하는 철인왕을 길러 내는 데 힘쓴다. 이 교육은 엄격하고 철저하게 금욕과 의무를 가르친다. 철인은 철학과 수학을 공부해야 하고, 사유재산을 소유해서도 안 된다. 이 과정에서 철인은 '영혼의 전환'을 통해서 근본적인 이데아에 도달해야 한다.

함께 읽을 책

플라톤의 스승 소크라테스는 신을 부정한 불경죄와 젊은이들을 타락시켰다는 죄목으로 사형을 당한다. 사형 집행 당시 소크라테스의 변론과 연설을 담은 책이 플라톤의 『소크라테스의 변명』으로, 비교적 적은 분량의 책이다. 『국가』는 스승의 죽음을 보면서 이상 사회를 꿈꾼 플라톤의 구체적인 고민이 담긴 책이다. 따라서 『소크라테스의 변명』을 읽은 뒤 『국가』를 읽는 것이 플라톤에 대한 효과적인 독서가 될 수 있다.

두 번째 마을_상상빌리지

상상빌리지의 킬리만자로 표범은 토머스 모어(Thomas

More, 1477~1535)를 표현한 것이다. 토머스 모어는 가톨릭의 성인으로 추대된 사람이다. 그는 대법관으로, 헨리 8세의 재혼과 수장령(1534년 영국 왕 헨리 8세가 로마 교황청과의 관계를 단절하고 영국 교회를 관리하는 모든 권한이 국왕에게 있음을 선포한 법령)을 반대하다가 반역죄로 처형되었다. 이런 모어의 모습은 표범과 비슷하다. 표범은 경사가 가파르고 험준한 산악지대나 바위에서 단독 생활을 하고 자립심이 강한 아웃사이더의 특징을 지녔다.「킬리만자로의 표범」은 가수 조용필의 노래 제목이다. 이 노래는 고독한 남자의 불타는 영혼을 킬리만자로 표범에 비유하고 있다.

우화 속 상상빌리지는 유토피아 그 자체이다. 6시간만 일하고, 모든 동물이 평등하고, 사유재산이 없다. 무엇보다도 황금 보기를 돌같이 한다. 상상빌리지는 주민들이 모두 참여하는 민주주의 방식으로 운영된다. 이 모든 내용은 토머스 모어가 쓴『유토피아』에 나오는 내용을 그대로 옮긴 것이다.

『유토피아』는 1부와 2부로 구성되어 있다. 1부에서는 자본주의를 비판한다. 1부에 나오는 '양이 사람을 잡아먹었다'는 인클로저 운동을 풍자한 말이다. 인클로저 운동은 양털을 팔아 돈을 벌기 위해 소작농들을 쫓아낸 역사적 사건이다. 인클로저 운동을 계기로 사적 소유에 기반한 이윤 추구를 최선의 가치로 추구하는 자본주의가 탄생했는데, 토머스 모어는 사적 소유를 악의 근원으로 보았다. 그의 절친 에라스무스가 "모든 악이 어디에서부터 비롯되는지를 알려면『유토피아』를 읽어 보라."고 할 정도로 토머스 모어의 유토피아는 자본주의에 대한 본질적인 비판을 담고 있다.

2부는 1부에서 비판하고 있는 문제점들의 대안을 담고 있다. 유토피아는 2부에서 집중적으로 다루어진다. 유토피아에서는 사유재산이 사라지고 이자놀이에 이용되는 화폐도 철폐된다. 인구 10만 명 정도의 유토피아 마을은 민주적인 시스템을 갖춘 54개의 구획으로 나뉘어 있다. 선거를 통해 공무원을 선출하고, 구성원들은 똑같이 일하고 똑같이 밥을 먹는다. 집은 10년마다 추첨으로 결정되고, 거주지는 농촌과 도시로 순환된다.

이런 유토피아가 현실에 존재한다면 어떨까? 토머스 모어의 윤리 공동체는 수도원 같은 느낌이다. 그런데 이 수도원에서 살기 힘든 존재가 있다. 여성과 외국인이다. 여성은 결혼 전에 남자와 동침을 하면 영원히 감옥에 갇혀야 한다. 부인과 딸은 주기적으로 남편과 아버지에게 자신의 죄를 고백하는 의식을 치러야 한다. 외국인은 노예로 삼고, 새로운 유토피아를 건설하기 위해서라면 다른 나라를 침략할 수 있다고 주장한다. 이처럼 토머스 모어의 유토피아는 가부장제 사회이면서 제국주의의 싹이 보이는 곳이다.

함께 읽을 책

토머스 모어의 『유토피아』는 자본주의의 사적 소유를 비판하고 이에 대한 대안으로 매우 급진적인 유토피아 세상을 제시한다. 유토피아의 배경과 저자 토머스 모어를 좀 더 알고 싶다면 『유토피아, 농담과 역설의 이상 사회』(주경철, 사계절, 2016)를 읽을 것을 권한다. 이 책은 『유토피아』의 배경을 넘어 그 이면에 담긴 의미를 친절히 소개한다.

세 번째 마을_에티켓빌리지

에티켓빌리지의 사슴은 이마누엘 칸트(Immanuel Kant, 1724~1804)이다. 칸트는 평생 독신으로 살면서 삶을 통틀어서 단 한 번도 자신의 고향 쾨니히스베르크에서 30킬로미터 바깥으로 나가지 않았다. 칸트는 매우 규칙적인 생활을 했다. 그가 매일 오후 3시 30분에 산책을 나가면, 동네 사람들이 그 모습을 보고 자신의 시계를 맞추었다는 일화가 유명하다. 칸트의 윤리론은 그의 삶만큼이나 엄격하고, 엄격함이 지나쳐 고고하게 보이기까지 한다. 이런 칸트의 특징은 사슴과 닮았다. 노천명(1912~1957)의 시 〈사슴〉은 사슴을 고고하고 높은 족속이라 칭한다.

칸트는 인간은 스스로 이성으로 판단하는 의지의 자율을 갖고 있다고 보았고, 모든 사람이 보편적으로 동의하는 윤리, 즉 에티켓을 찾으려 했다. 이런 맥락에서 그의 마을을 에티켓빌리지로 명명했다.

사슴은 자세를 흐뜨리지 않는다. 우화에서는 자신의 고향을 멀리 벗어난 적이 없고 성당의 시계보다 더 규칙적인 삶을 살았던 칸트의 모습을 사슴에 담아내고자 했다. 거짓말을 해서는 안 된다는 윤리의 원칙에 입각한 그는 윤리적인 원칙에 우매하리만큼 충실했다. 이것은 칸트의 의무론적인 윤리설을 잘 보여 주고 있다.

칸트는 근대로 넘어오는 과정에 위치해 있다. 중세 철학이 신 중심이었다면, 칸트는 인간을 철학의 중심에 세웠다. 그는 인간 탐구를 위해 세 가지 질문을 던진다. 인간은 무엇을 알 수 있는가, 인간은 무엇을 해야 하는가, 인간은 무엇을 바랄 수 있는가. 이 질문에 답하는 과정에서 『순수이성비판』, 『실천이성비판』,『판단력비판』이란 3대 비판서가 완성된다. 이 중에서 『실천이성비판』은 올바른 인간의 행위에 대한 윤리적인 지침을 제공한다. 예를 들어 보자. 칸트와 영희가 함께 걸어가고 있었다. 도중에 칸트는 누군가 버린 쓰레기를 주웠다. 그 이유로 타당한 것은?

① 습관이므로 　　　　　　　　② 옳다고 판단했으므로
③ 영희에게 잘 보이려고 　　　④ 다른 사람들이 좋아하기 때문에
⑤ 준법정신 때문에

　정답은 무엇일까? 먼저 ①번 습관이라는 동기에 대해서 칸트는 동의하지 않는다. 인간은 이성적 존재인데, 습관은 경험에 기반하고 있기 때문이다. ⑤번 준법정신에 대해서도 칸트는 동의하지 않는다. 그는 국가가 강제하는 실정법보다 누구에게나 보편타당한 개인의 판단과 의지의 자율을 중시했다. ③번 영희에게 잘 보이려고 한 것은 어떤 목적을 가진 것으로, 가언명령(假言命令)이다. 가언명령이란 '만약 ~하려

면 ~하라'처럼 가설, 조건, 이유가 붙은 명령을 말한다. 칸트
는 어떤 목적을 달성하기 위한 수단으로 내리는 조건부 명령
은 보편타당성이 없다고 보았다. 따라서 가언명령에 따른 행
동을 비판하고 정언명령(定言命令)의 실천을 제안한다. 정언
명령은 조건 없는 절대적이고 의무론적인 도덕 지침을 말한
다. ④번 다른 사람들의 행복 증진에도 칸트는 동의하기 힘
들 것이다. 이것은 공리주의자의 답변으로, 가언명령의 일종
이기 때문이다.

정답은 ②번이다. 그냥 그것이 옳으니까 해야 한다. 칸트
는 이것을 '실천이성'이라고 한다. 실천이성은 '~하라'라고
나에게 명령한다. 칸트는 조건이 붙지 않는 순수한 동기에서
나온 의지를 선의지(善意志)라고 명명하고, 이 명령을 정언
명령이라고 주장했다. 정언명령은 내 의지의 명령이 보편타
당한 내용이 되도록 하며, 이에 따라 행동하라고 가르친다.
이것은 인간을 수단이 아닌 목적으로 대하라는 것이다. 이런
맥락에서 칸트의 윤리학은 결과가 아닌 동기에 초점을 둔 의
무론이다.

함께 읽을 책

"그에 대해서 자주 그리고 계속해서 숙고하면 할수록 점점 더 새롭고 점점 더 외경으로 마음을 채우는 두 가지 것이 있다. 내 위의 별이 빛나는 하늘과 내 안의 도덕 법칙." 칸트의 묘비명이다. 이것은 『실천이성비판』결론의 한 구절이다. 이처럼 그의 책은 의심할 바 없이 따라야 할 윤리적인 정언명령을 제시한다. 문제는 칸트의 책이 매우 어렵다는 것이다. 좀 더 쉽게 이해하기 위해서는 칸트의 전기나 입문서부터 시작하기를 권한다.

네 번째 마을_유틸리티빌리지

유틸리티빌리지의 너구리는 제러미 벤담(Jeremy Bentham, 1748~1832)이다. 공리주의의 대변인 벤담은 쾌락, 즉 효용(utility)을 양(量)으로 계산하여 행복을 따졌기 때문에 그가 사는 마을의 이름을 유틸리티빌리지로 정했다. 벤담은 쾌락은 선이기 때문에 이것을 증대하는 행위는 옳고, 고통은 악이기 때문에 이것을 증가시키는 행위는 틀리다고 보았다. 모두를 감시하는 파놉티콘(Panopticon)을 고안하고, 소수의 이익을 무시하는 태도를 보이는 벤담은 교묘한 전략가의 이미지이다. 그의 시신은 후세에 공공의 이익에 맞게 쓰라는 유언에 따라 박제되어 지금도 대중에게 전시되고 있다. 이런 그의 사상과 태도를 너구리로 표현하였다. 너구리는 생김새 탓인지 능글맞은 이미지가 강하다. 살이 많아 움직임이 둔한 너구리는 생명의 위협을 느끼면 도망가기보다는 죽은 척을 한다.

우화에 푸시핀 게임(push-pin game)이 언급된다. 이 게임은 오래전 영국의 어린이들 사이에 유행했던 게임으로 알려져 있다. 푸시핀(오늘날 압정과 같은 물건)을 책상이나 모자챙 위에 놓고 쳐서 상대방의 것을 떨어뜨리면 이기는 단순한 방식의 게임이다. 그러나 이 게임은 위험하기도 하거니와 때로는 도박으로도 이용되어 부정적인 이미지를 지녔다. 푸시핀 게임을 하는 것과 시를 읽는 것 중 어떤 것이 더 쾌락을 증가시킬까? 벤담은 어떤 것이 더 가치가 있는지에 대해서는 무관심했다. 오로지 불쾌를 줄이고 쾌락의 양을 늘리는 데에만 관심이 있었다. 이런 맥락에서 벤담은 푸시핀 게임은 과학이나 예술만큼 혹은 그 이상으로 가치가 있다고 주장했다.

벤담은 최대 다수의 최대 행복을 목표로 제도를 설계하고자 했다. 그는 이런 사회를 만드는 기계공 역할을 하고 싶어했다. 그런 제도적인 장치가 파놉티콘으로, 일종의 감시탑이다. 원형으로 빙 둘러 있는 감방의 죄수들에게는 감시탑 안의 간수가 보이지 않는다. 그래서 죄수는 간수가 늘 자신을 감시하고 있다는 생각을 하게 되고, 마침내 감시를 내면화해서 CC-TV처럼 늘 자신을 보고 있다고 생각하게 된다. 스스로 파놉티콘 시스템에 적응하면서 모든 문제의 원인을 구조나 권력이 아닌 자신으로 받아들이게 된다. 즉, 불만은 사회로 향하지 않게 되고, 사회의 전체 효용은 증가한다.

벤담의 효용의 원리는 오늘날 '비용편익분석(cost-benefit analysis)'으로 세련화되어 대부분의 정책 설계를 할 때 기준이 되고 있다. 공리주의에 기반한 정책은 구빈원과 같은 진보적인 정책을 만드는 데 근거가 되기도 했다. 하지만 최대다수의 행복을 위해 소수를 희생하는 것을 당연시한다. 즉, 소수의 희생을 정당화하는 역할도 하고 있다.

함께 읽을 책

벤담의 『**파놉티콘**』은 어떻게 불쾌를 줄이고 쾌락을 높일 것인지에 대한 방법을 제시한다. 문제의 원인을 외부가 아닌 내부로 돌리는 규율장치가 파놉티콘이다. 그의 『**도덕과 입법 원리 서설**』은 '최대 다수의 최대 행복'이라는 공리주의의 원리와 정당성을 주장한다. 한편, J. S 밀(Mill)의 『**공리주의**』도 벤담의 공리주의와 비교하며 읽어 볼 만한 책으로 추천한다. "만족해하는 돼지보다 불만족스러워하는 인간이 더 낫고, 만족해하는 바보보다 불만을 느끼는 소크라테스가 더 낫다."라는 밀의 말은 양적 공리주의를 주창했던 벤담을 넘어 질적 공리주의를 보여 주는 상징적인 선언이다.

다섯 번째 마을_마켓빌리지

마켓빌리지의 고양이는 자유주의 고전 경제학을 만든 애덤 스미스(Adam Smith, 1723~1790)를 의미한다. 고양이는 똑똑하고 독립성이 강하며, 장난도 잘 치고 잘 노는 특성이 있다. 애덤 스미스는 철학과 교수이면서 근대 자본주의의 이론적 근거를 제시한 『국부론』을 썼다. 매우 똑똑했지만 한편으로 여성공포증이 있어 평생 독신으로 살았다. 그는 글래스고 대학의 교수로 있으면서 에든버러에 자주 와서 친구들과 함께 토론을 즐겼다.

우화 속 고양이는 글라스 모양의 건물에 산다. 이는 글래스고 대학을 패러디한 것이다. 우화 속 『국가가 부자 되는 방법』은 『국부론』을 의미한다. 우화 속 『도덕감정』은 『도덕감정론』을 의미하는 것으로, 이 책은 한국에도 번역되어 출간되었다.

컨베이어 벨트에서 동물들이 노동하는 모습은 찰리 채플린의 영화 「모던 타임즈」에 나오는 분업 장면을 모티브로 삼았다. 분업을 통해 노동자들의 노동력을 효율적으로 관리하고 생산량을 극대화하는 초기 자본주의 모습을 담았다. 동물과 기계가 한 몸이라는 것은 이제 인간이 기계의 부품이 되었다는 것을 의미한다.

애덤 스미스는 시장에서의 경쟁을 찬양했다. '보이지 않는 손'인 시장은 자원을 효율적으로 이용하여 질이 좋고 싼 제품을 만들 수 있다고 보았기 때문이다. 가격이 낮아지면 소비자가 좋고, 대량 생산, 대량 판매를 하게 되면 생산자가 좋고, 재화가 넘쳐나니 국가가 좋다. 그래서 그는 "우리가 저녁 식사를 할 수 있는 것은 푸줏간 주인, 술집 주인, 빵집 주인의 자비심 덕택이 아니라 그들의 이기심 때문이다."라며 인간의 이기심을 찬양했다. 『국부론』은 국가가 부유하려면 인간의 이기심을 시장에서 극대화하라고 조언한다.

우리는 『국부론』에 귀를 기울이면서도 애덤 스미스의 또 다른 목소리를 경청할 필요가 있다. 당시 『국부론』보다 더 유명한 저서는 『도덕감정론』이었다. 그는 죽을 때 이 책의 저자로 알려지고 싶다고 했다. 왜냐하면 『국부론』에서는 이익을 위해서 수단과 방법을 가리지 않는 이기적인(selfish) 인간을 찬양하는 것처럼 보이지만, 그는 실상 다른 인간론을 전개하고자 했기 때문이다.

애덤 스미스는 인간이 자기애(self-love)를 갖고 있으면서 또 다른 도덕감정, 즉 '공평한 관찰자(impartial spectator)'의 측면이 있다고 생각했다. 어떤 사람이 내 약점을 공격하면 기분 나쁠 것이다. 이 생각을 하게 되면 내가 타인에게 기분 나쁠 행동을 하지 못할 것이다. 이것은 내 안에 공평한 관찰자가 있기 때문이다. 이 관찰자는 공감을 갖고 타인에게 해악을 미치는 이기적인 행위를 하지 않는 성찰적인 인간이다. 애덤 스미스는 이런 인간들이 모여 시장에서 자유로운 경쟁을 한다고 보았다. 하지만 현실이 과연 그럴까? 애덤 스미스는 현실에서 이기적이기만 한 인간이 시장을 점령해 버릴까 노심초사했다.

함께 읽을 책

애덤 스미스의 『**국부론**』은 인간이 자신의 욕심을 맘껏 부리기 시작할 때 사회가 잘된다는 내용을 담고 있기 때문에 이기적인 인간을 찬양한 책으로 유명하다. 반면 인간을 공감에 기반한 공평한 관찰자로 이해한 『**도덕**

『감정론』은 오늘날 국부론에 비해 상대적으로 덜 알려져 있다. 애덤 스미스를 바르게 이해하기 위해서는 『도덕감정론』의 인간론에 기반해서 『국부론』을 읽어 볼 것을 권한다. 한편, 협동의 관점에서 인간을 묘사한 표트르 크로포트킨(Pyotr Kropotkin, 1842~1921)의 『만물은 서로 돕는다』도 인간 본성에 대한 글로 추천한다.

여섯 번째 마을_쇼핑몰빌리지

쇼핑몰빌리지의 하이에나는 오스트리아의 경제학자 프리드리히 하이에크(Friedrich Hayek, 1899~1992)를 의미한다. 둘을 연동시킨 것은 일차적으로 이름이 비슷하기 때문이다. 더 나아가 시장지상주의자인 하이에크가 약육강식, 승자 독식, 적자생존의 경쟁 시장을 예찬했다는 점이 하이에나를 연상케 한다. 하이에나는 다른 동물이 잡은 고기를 빼앗거나 썩은 고기를 먹어 치우는 특징 때문에 청소 동물로도 불린다.

쇼핑몰빌리지는 자본주의가 고도로 발전한 소비 사회를 의미한다. 우화 속 이야기는 2018년 여름 한국의 한 워터파크에서 실제로 일어난 일을 패러디했다. 이 워터파크에서는 처음으로 15만 원짜리 프리패스 입장권과 7만 7천원짜리 일반권을 판매했다.

쇼핑몰의 자본주의를 예찬한 또 다른 여우 로직은 자유주의 정의론 철학자 로버트 노직(Robert Nozick, 1938~2002)을 의미한다. 하이에크와 노직은 시장에서의 자유를 절대적 가치로 삼는 자유지상주의의 핵심적인 이론가로 통한다.

하이에크는 "사회정의는 없다."고 주장한다. 많은 사람들은 국가가 개입해 소득분배를 함으로써 자본주의의 불평등을 해소하고 사회정의를 실현할 수 있다고 생각한다. 하지만 하이에크는 불평등은 노력 여하에 따른 결과이므로 자연스러운 것이라고 본다. 그의 정치적 제자인 마거릿 대처(Margaret Thatcher, 1925~2013) 전 영국 수상은 이 맥락에서 "사회란 없다. 개인과 가족이 있을 뿐!"이라고 말한다. 모든 책임은 개인에게 있다는 것이다.

노직은 재산의 취득이 정의롭다고 생각한다. "재산을 가진 부자들에게도 권리가 있다.", "부자는 왜 권리를 말하면 안 되는가?"라면서 이들을 철학적으로 옹호한다. 그는 사적 소유가 정당하다고 말한다. 이 논지는 영국의 철학자 존 로크

(John Locke, 1632~1704)에게서 나온 것이다. 로크는『통치론』에서 세상의 모든 것은 하나님의 것이지만 나의 신체는 나의 것이며, 신체로 하는 노동을 섞어서 만든 모든 재산은 사유물이 된다고 주장한다. 즉, 부자들의 재산은 모두 그들의 노동을 통해 얻은 땀방울의 대가라는 것이다. 이런 맥락에서 노직은 아무리 불평등해도 부당한 취득이 아니면 정의롭다고 주장한다. 이것이 노직이 주장하는 '취득의 원리'이다.

또한 노직은 재산을 정당하게 취득했기 때문에 정당하게 이전할 수 있다고 보았다. 재산을 물려주는 것도 정당하다. 이것이 노직이 주장하는 '이전의 원리'이다.

노직의 주장 가운데 흥미로운 것은 '교정의 원리'이다. 취득이 정당하지 않고 이전도 정당하지 않으면 교정을 해야 한다는 것이다.

하이에크와 노직은 시장경제에서 국가와 계획을 가장 큰 적으로 보았다. 국가는 개인의 재산과 시장에 간섭해서는 안 되기 때문에 최소국가가 되어야 한다. 이런 점에서 자유지상주의자들은 기본적으로 '국가로부터의 자유'를 외치는 아나키스트(무정부주의자)이다. 그래서 노직은 자신의 저서에

『무정부, 국가 그리고 유토피아』라는 제목을 붙였다. 이들은 사회정의와 이를 실현하기 위한 국가 계획이 자유로운 개인들의 무정부주의로 이루어진 참다운 세상에 부정적 영향을 끼친다고 주장한다.

함께 읽을 책

재산권에 대한 정당화와 이를 둘러싼 사회계약의 진수는 로크의 『**통치론**』이다. 로크는 정의로운 재산 축적과 통치 구조에 대해 설명한다. 노직의 『**무정부, 국가 그리고 유토피아**』는 자유지상주의의 정의론을 이해하는 데 좋은 길잡이 역할을 한다. 정의를 개인의 자유지상주의에서 풀어낸 노직의 글은 최소국가를 정당화하는 정치철학을 전개한다. 이 책은 국내에 『아나키에서 유토피아로』(문학과지성사, 1997)라는 제목으로 출간되었다.

일곱 번째 마을_블라인드빌리지

블라인드빌리지의 기린은 존 롤스(John Rawls, 1921~2002)를 의미한다. 영국의 철학자 조너선 울프(Jonathan Wolff, 1959~)는 "20세기의 두 번째로 중요한 정치철학자에 대한 논란은 있을 수 있으나, 가장 중요한 정치철학자에 대한 논란은 있을 수 없다. 그 사람은 바로 롤스이다."라고 주장했다. 롤스는 최소 수혜자(운이 나빠서 분배의 몫에서 가장 적게 가져가는 사람)의 이익에 부합하는 한에서만 최대 수혜자의 이익을 허용해야 한다고 주장한다. 이를 '차등의 원칙'이라고 하는데, 롤스의 이러한 주장은 자애심이 가득하고 덕망이 높아 보이는 기린의 이미지와도 일치한다.

블라인드빌리지라는 마을 이름은 '무지의 베일(veil of ignorance)'에서 왔다. 무지의 베일은 롤스의 상징이다. 이것은 양 가족의 '케이크 자르기'에서 잘 표현되어 있다.

롤스는 벤담의 공리주의적인 정의관을 불편하게 생각했다. 벤담의 정의관에는 옳음이 결핍되어 있기 때문이다. 벤담은 효용만 강조할 뿐 약자에 대한 배려가 없다. 벤담의 공리주의는 전체 사회의 효용만 강조하다 보니 약자의 희생을 정당화하는 결과를 낳았다. 롤스는 그것을 꿰뚫어 본 것이다.

롤스는 칸트의 윤리관에 바탕을 두고 옳음의 문제에 대해 고민하였다. 그는 절차가 공정하면 되지 않을까 생각한다. 그렇다. 공정한 절차를 통해 하나의 사회계약을 체결하면 될 것이라고 보았다. 그보다 앞서서 홉스, 로크, 루소 등과 같은 계약론자들 또한 사회계약을 주장했지만, 이는 개인의 이익에 기반해서 체결된다. 반면 롤스가 주장한 계약주의의 체결 기반은 어떤 것이 '옳음'인지에 있다.

'네 의지의 준칙이 보편타당하도록 행동하라, 모든 사회의 기준 속에서도 보편타당할 수 있도록 하라'는 것이 칸트의 윤리학인데, 계약주의는 바로 이 보편타당한 법칙들에 기반해서 계약을 체결해야 한다는 것이다. 이러한 주장을 잘 설명하는 예가 바로 케이크 자르기이다. 롤스는 케이크를 자를 때 어떤 룰이 보편타당한 것이냐, 어떤 것이 누구나 다 합의할 수 있는 도덕적이고 윤리적인 옳음이냐를 고민하기 시작했고, 이는 공정한 절차를 중시하는 관점으로 이어졌다.

그렇다면 공정한 절차를 확보하려면 어떻게 해야 할까? 여기 태아가 있다. 어느 나라에서 태어날지 아직 모른다. 저 개발국가에서 태어날지 보편 복지가 실현된 북유럽에서 태어날지, 그 가운데서도 부잣집에서 태어날지 가난한 집에서 태어날지 아직 모르는 상태이다. 롤스는 이처럼 혜택은 알지만 아이가 어떤 나라의 어떤 집안에 태어날지는 모르는, 무지의 베일을 쓴 상태를 전제하고 계약 절차를 만들어야 한다고 주장한다.

 여러분이라면 어떤 선택을 할 것인가? 나는 반드시 재벌 집에서 태어날 테니 가난한 사람을 배려하지 말자고 주장할 것인가? 아니면 최악의 경우 저개발국의 가난한 집에서 태어날 수도 있으니 이런 상황에서는 어떻게 하면 좋을지를 고민할 것인가? 이렇게 되면 모든 사람들은 가난한 집안에 태어날지도 모른다는 공포심을 갖는다. 따라서 최악의 상황에서도 인간다운 삶이 가능한 정책에 합의하게 될 것이다. 이러한 원리에 따라 공정한 합의 절차를 만들고 그 절차에 동의한다면 그것으로 족하다는 것이 바로 롤스가 던지는 메시지이다.

 공정한 합의 절차의 제1원리는 '평등한 자유의 원리'이다. 롤스에게 중요한 것은 평등보다 자유로, 롤스가 철저한 자유주의자임을 보여 준다. 제2원리는 '기회균등의 원리'이다. 기회가 균등하다는 것은 교육이나 직업훈련 등을 통해 기회를 균등하게 제공해 줄 수 있는 상황을 확보해야 한다는 원칙을 말한다. 제3원리는 '차등의 원리'로, 최악의 상황에 처한 사람일지라도 최소한의 인간다운 삶이 가능한 조건을 만들어야 한다는 원칙을 일컫는다.

그런데 롤스의 주장에도 몇 가지 의문이 든다. 첫째, 롤스의 무지의 베일은 과연 가능할까? 우화 속 새미를 보자. 무지의 베일을 썼지만 자신이 누구인지 다 알고 있다. 지원자의 정보를 숨기고 블라인드로 면접을 보지만 놀랍게도 심사자는 다 알아낸다. 더 근본적인 질문은 모르고 선택하는 것이 과연 옳은가 하는 물음이다. 지원자의 업적뿐만 아니라 삶의 태도, 사회적 관계 등을 함께 살펴봐야 하지 않을까? 예를 들어 교수를 선발할 때 한 지원자의 경우 일정 기간에 작성된 논문의 수가 적어 낮은 점수를 받았다. 하지만 그 지원자가 해당 기간에 출산을 했음을 안다면 평가가 달라질 수 있지 않을까?

둘째, 무지의 베일에 기반해서 만든 절차가 정말로 공정할까? 어쩌면 절차를 정당화하는 논리에 불과한 것은 아닐까? '우리의 입장이 없다고 전제하고 합의하자'고 하지만 실상 소수의 엘리트들이 모여 일정 수준의 공정성을 담보하는 절차를 만드는 데 그치는 것이 아니냐는 비판이 있다.

셋째, 롤스는 계급, 구조, 노동자의 조직화 등에 대해서는 관심이 적다는 점에 주목할 필요가 있다. 이에 대한 문제의식 없이 주어지는 사회복지는 계급 구조와 권력 관계를 변화시킨 결과라기보다 시혜와 자선의 성격이 강하다. 일례로 "말리부의 서퍼에게도 복지를 줘야 합니까?"라고 물으니 "일도 안 하는데 왜 주냐?"고 반문하는 것이 롤스의 입장이다. 롤스의 정의론에서 무지의 베일을 쓴다는 것은 어쩌면 우리를 더 무지하게 만드는 것은 아닐까?

함께 읽을 책

롤스의 『**정의론**』(이학사, 2003)은 정의론 논쟁을 불러일으킨 현대의 고전이다. 특히 무지의 베일이라는 개념은 공정한 절차로서의 정의를 실현하기 위한 핵심 장치이다. 이 책은 두껍고 어렵지만 한번 도전해 볼 만하다. 롤스의 또 다른 저서 『**정치적 자유주의**』(동명사, 2016)는 『정의론』을 보완해 준다. 『정의론』에 제시된 공정한 절차로서의 정의가 정치적으로 어떻게 실현되는지를 '중첩적 합의'라는 개념을 통해 제시한다. 이 개념은 갈등하는 교리들의 공통점부터 우선적으로 합의해 나가는 방식을 가리킨다.

여덟 번째 마을_센달빌리지

센달빌리지의 거위는 마이클 샌델(Michael Sandel, 1953~)이다. 샌델은 미덕을 강조한 아리스토텔레스(Aristoteles,

B.C. 384~B.C. 322)의 맥락에서 공동체의 중요성을 강조한 공동체주의자이다. 그룹 카니발의 곡을 인순이가 리메이크한 곡이 「거위의 꿈」이다. 샌델이 꿈꾸는 공동체가 「거위의 꿈」에서의 꿈과 비슷하다는 판단에서 거위와 샌델이 만났다.

샌델은 롤스의 무지의 베일, 즉 눈가리개를 마치 정의를 실현하는 마법의 눈가리개처럼 생각하는 것을 비판했다. 왜냐하면 공동체 안에는 경험과 역사를 공유한 개인이 존재하고, 이 개인은 공동체의 또 다른 개인들과 관계를 맺고 있기 때문이다. 그래서 우화 속 거위는 공동체의 문화나 관습 등 좋은 것을 가르친다면 모든 동물이 안전하고 평화롭게 살 수 있다고 보았다.

샌델의 논지를 자세히 살펴보자. 그는 다음과 같은 이유로 롤스를 비판한다. 첫 번째, 롤스가 이야기하는 무지하면서도 합리적인 개인은 존재하지 않는다. 샌델은 이러한 개인을 '무연고의 개인'이라 부른다. 공동체의 역사도 없고, 이웃도 없고, 오로지 합리적이기만 한 무지의 베일을 쓴 개인이 말이 되는가? 샌델은 강한 의문을 제기한다. 두 번째, 롤스가 전제하는 중립적인 국가는 존재하지 않는다. 일반적으로 자유주의자들은 국가가 이해관계를 조정하는 중립적 존재라고 상정한다. 샌델은 이런 주장이 지극히 비현실적이라고 비판한다. 그는 국가가 특정한 목적을 갖고 그 방향으로 움직인다고 보았다. 따라서 개인은 공동체의 텔로스(telos), 즉 목적과 지향을 익혀 실천하는 '시민적 덕성'을 가져야 한다고 보았다.

샌델은 자신의 논지를 펼치기 위해 아리스토텔레스를 끌어들인다. 아리스토텔레스는 공동체의 가치와 목적을 체현한 덕성을 가진 개인들에 기반한 공동체를 주장했다. 그리고 샌델은 이런 개인들의 공동체를 상상한다. 샌델은 현재의 공동체는 물론 그 공동체의 역사 속에도 있는 존재로 인간을 파악한다. 나는 서사적 존재, 스토리를 가지고 있는 존재이기 때문에 종교, 문화, 관습 등까지 함께 논해야만 내가 온전히 설명된다는 주장이다. 그렇다면 서사적인 존재인 개인은 어떻게 공동체 속에서 자신을 실현해 낼 것인가? 또한 공동체는 개인들이 어떻게 역사와 문화를 체현하고 공동체에 참여할 수 있도록 할 것인가? 샌델이 던져 준 고민이다.

샌델은 불평등의 문제는 공동체가 제대로 작동하지 못하

기 때문에 발생한다고 보았다. 따라서 불평등을 해결하자면 공동체가 제대로 작동해야 하는데, 이를 위해서는 사람들의 연대가 무엇보다 중요하다고 주장한다. 여기서 주목할 것은, 샌델의 연대는 정치적인 의미에서의 연대, 즉 계급 간 갈등과 타협의 연대를 의미하는 것이 아니라는 점이다. 그는 자본, 계급, 구조적 문제를 다루지 않는다. 따라서 그가 말하는 연대는 계급 간의 문제가 아니라 시민적 덕성을 가진 개인들이 불쌍한 사람들, 안된 사람들, 위험에 처한 사람들과 하는 연대를 의미한다. 이런 관점을 사회복지에 적용하면 잔여적 복지와 만나게 된다. 샌델은 연대가 보편적 복지로 가게 되면 개인의 시민적 덕성을 잃는다고 보았다. 그가 말하는 연대는 연민, 동정, 자선으로 향해 있다.

샌델은 시장에 대해 두 가지를 비판했다. 첫 번째, 시장에서 이루어지는 정의롭지 못한 행위들, 예를 들어 대리모 출산, 장기매매, 티켓 구매 시 대신 줄서기 등을 비판한다. 시장에서 돈으로 사서는 안 되는 것들까지 거래되고 있는 것을 문제 삼은 것이다. 하지만 샌델은 시장의 작동원리나 그 과정에서 발생하는 불평등은 크게 문제 삼지 않는다. 두 번째,

시장의 원리가 정치와 사회로 침투해서 정치에서도 효율을 따지는 현상을 비판한다. 그는 정치, 경제, 문화 등은 고유의 원리에 의해서 작동해야 한다고 주장한다. 말하자면 시장의 자본가가 시장 바깥의 정치 영역에서 대통령이 되는 것을 비판한다.

샌델은 문제를 해결할 수 있는 수단으로 도덕, 윤리, 종교 등을 거론한다. 그래서 케네디, 오바마 대통령 등이 낙태 문제 해결책을 종교에서 찾은 것을 지지한다. 이처럼 그는 도덕에 기초한 정치와 종교에 기반한 정치를 지지하며 시민의식, 희생, 봉사를 상당히 강조한다. 그는 이것을 '공동선의 정치'라고 명명한다.

또한 샌델은 공동체의 텔로스를 익히고 이것을 실천하는 덕성을 가진 시민교육을 지지한다. 이런 맥락에서 샌델의 정의론은 미국의 사회비평가 얼 쇼리스(Earl Shorris, 1936~2012)의 '희망의 인문학'과 만난다. 얼 쇼리스는 "시내 중심가 사람들의 정신적 삶을 가르쳐야 합니다."라고 주장한다. 여기서 시내 중심가 사람들이란 시민적 덕성을 갖추고 공동체에 잘 적응한 사람들을 가리킨다. 그는 인문학의 목적이

가난한 사람을 돕는 데 있다고 주장하고, 그들이 스스로 자신을 설명할 수 있도록 시민의 덕성을 가르쳐야 한다고 주장한다. 이 같은 인문학은 구조나 계급의 문제보다 개인에 집중한다.

앞서 샌델이 공동체의 중요성을 강조할 때 아리스토텔레스를 인용하고 있다고 적은 바 있다. 둘 다 똑같이 시민적 덕성에 대해 이야기하지만 아리스토텔레스와 샌델 사이에는 큰 차이가 있다. 아리스토텔레스는 귀족들의 시민적 덕성은 '명예'이고 부자들의 시민적 덕성은 '부의 추구'라고 주장하며, 계급에 따라 다른 시민적 덕성을 제시했다. 또한 시민적 덕성을 논할 때 중용의 관점에서 각 계급이 극단으로 가지 않도록 갈등을 조정할 필요가 있다고 강조한다. 시민적 덕성에서 계급이 차지하는 비중이 큰 것이다. 반면 샌델의 경우에는 계급이 등장하지 않는다.

샌델이 이야기하는 시민적 덕성이 과연 누구를 위한 것인가라는 반문은 바로 이 같은 차이에 기인한다. 중심가 사람들을 위한 것일까, 아니면 중심에서 벗어난 사람들을 위한 것일까? 탈중심화된 사람들에게도 샌델의 정의론은 과연 정의로울까? 이러한 질문을 근본적으로 제기할 필요가 있다.

함께 읽을 책

샌델의 **『정의란 무엇인가』**(와이즈베리, 2014)는 한국에서 워낙 유명한 책이다. 이 책에는 벤담, 칸트, 아리스토텔레스 등의 윤리학의 논지가 잘 정리되어 있다. 특히 공동체주의의 논지를 잘 설명한다. 한편, 얼 쇼리스의 **『희망의 인문학』**(이매진, 2006)은 샌델의 시민적 덕성에 대한 논의를 시민교육으로 실천하는 방법을 제시한다. 그가 운영했던 인문학 과정인 클레멘트 코스는 빈민을 대상으로 인문학 교육을 실시해 그들이 삶의 의미를 찾을 수 있게 한다.

아홉 번째 마을_오웬빌리지

오웬빌리지의 고릴라는 영국의 공상적 사회주의자 로버트 오웬(Robert Owen, 1777~1858)을 상징한다. 오웬은 성공한 자본가로 노동자들과 그 가족을 품으려는 가부장적인 아버지의 모습을 닮았다. 즉, 자기 자식들을 포용하고 책임지려 한다. 이런 점이 고릴라의 모습과 닮았다. 고릴라는 부성애가 강한 동물로, 실제로 새끼와 잘 놀아 주고 어미가 버린 자식들을 혼자 키우기도 한다.

오웬은 7~8세까지 다니던 학교를 그만두고 일종의 도제로 들어가 일을 시작한다. 27~28세에 500명의 종업원을 거느린 '뉴라나크' 면직공장의 지배인이 된다. 지배인으로 재직 중인 공장이 매물로 나오자 동업자들과 함께 사들인다. 19세기 초에는 대부분의 공장 운영자들이 노동자들을 착취하였으나 오웬은 그러지 않으려 노력했다. 그러나 동업자들은 오웬식 공장 운영에 반대했다. 오웬은 이 같은 입장 차이가 갈등을 빚을 것을 우려해 돈을 끌어들여 동업자들의 주식을 모두 매입한다. 오웬이 단독으로 공장을 운영할 수 있게 된 것이다. 이 계약을 체결하고 돌아오는 오웬을 노동자들이 환호하며 반긴다. 우화에서 고릴라를 환영하는 행렬은 이 모습을 묘사한 것이다.

한 가지 유의할 것은, 새미가 무지개를 한 번 탈 때마다 12살씩 나이를 먹기 때문에 평등 공동체에 도달할 즈음엔 50대에 접어들었다는 점이다. 그래서 우화 속 다른 동물들이 새미에게 경어를 쓰고 있다.

오웬 공동체는 아동의 노동을 금지하고 유치원을 설립한다. 당시 대부분의 노동자는 하루에 16시간씩 일했다. 하지만 오웬은 노동시간을 9시간으로 획기적으로 줄이며 노동조건을 개선하고 노동자 숙소도 세웠다. 이 과정에서 오히려 생산력이 두 배나 증가했다. 당시 러시아의 황제가 오웬 공동체로 견학을 오는 등 유럽 전역에서 높은 관심을 끌었다.

오웬 공동체의 노동자들은 코오퍼레이션(co-operation)이라는 마켓에서 생필품을 구매했다. 이것이 오늘날 소비자협동조합의 효시이다. 협동조합의 시작인 로치데일에 아이디어를 제공하고 실질적인 근거를 만들어 준 것도 오웬이었다.

오웬의 새로운 공동체를 위한 발상과 이 발상을 실현하기 위한 공장 관리시스템, 협동조합 등의 제도는 획기적이었다. 그러나 문제가 없는 것은 아니었다. 예를 들어, 그가 도입한 '침묵의 모니터(silent monitor)' 제도를 보자. 감독관이 감시하지 않는 대신 노동자 뒤에 작업량에 따라 다른 색깔의 나무판을 걸어 둔다. 노동자의 작업량을 늘 이렇게 표시하는 것이다. 노동자들은 이를 보면서 끊임없이 자기 검열을 하게 된다.

채찍으로 때리지는 않지만 교묘하게 감시하고 그들의 생산량을 높이려고 했던 게 오웬의 인력 관리, 노동규율이었다. 상당히 교묘한, 오늘날의 인력 관리와 유사한 방식으로 생산력을 높이려고 했던 것이다.

오웬은 영국 전역을, 나아가 전 세계를 협동마을로 만들고 싶어 했다. 그래서 자신의 전 재산을 들여 미국 인디애나주에 제2의 뉴라나크인 '뉴하모니'를 만들었다. 하지만 철저하게 실패하고 재산의 80%가량을 잃은 채 영국으로 돌아온다.

우리는 오웬을 어떻게 평가해야 할까? 우호적인 입장에서는 그가 시대를 거스른 위대한 자본가라고 평가한다. 반면에 마르크스는 그를 푸리에, 생시몽과 함께 공상적 사회주의자라고 비판한다. 공상적 사회주의자들은 노동자가 아닌 자본가의 교육에 초점을 맞춘다. 자본주의의 모순을 해결할 변화의 주체를 자본가에서 찾았기 때문이다.

함께 읽을 책

푸리에, 생시몽과 더불어 오웬은 공상적 사회주의자로 분류된다. 이들의 무정부주의, 즉 아나키즘을 이해하고 싶다면 프루동(Pierre Joseph Proudhon, 1809~1865)의 **『소유란 무엇인가』**를 권한다. 한편, 오웬의 **『사회에 관한 새로운 의견』**을 통해서는 자본주의를 극복하기 위한 협동조합의 구상을 이해할 수 있다.

열 번째 마을_스머프빌리지

스머프빌리지에는 다양한 스머프들이 모두 평등하게 살고 있다. 자신들을 잡아 황금으로 만들려고 하는 마법사 가가

멜로부터 스스로를 지키는 스머프는 벨기에의 만화가 페요 (Peyo, 1928~1992)가 만든 작품이다. 한때 붉은 모자를 쓴 파파 스머프가 마르크스를 원형으로 했다는 일각의 주장으로 논란이 되기도 했다.

우화 속 스머프빌리지의 시베리안 허스키는 카를 마르크스(Karl Marx, 1818~1883)를 의미한다. 시베리안 허스키는 이름처럼 시베리아에서 썰매를 끌던 토종견으로 강한 체력을 가지고 있다. 보기와는 달리 성격이 온순하고 친화적이다. 당대의 이단아인 마르크스는 시베리아 벌판에 홀로 서 있는 시베리아 허스키를 떠올리게 한다. 마르크스가 노동자들에게 친화적인 이론을 제시했다는 점에서도 시베리안 허스키를 연상시킨다.

스머프빌리지에는 특별한 동물이 있다. 코뿔소와 킬리만자로의 표범이다. 이들은 각각 유토피아의 이데아빌리지와 상상빌리지를 만들었던 동물들이다. 이후 이들이 스머프빌리지에 사는 것으로 설정한 것은 스머프빌리지가 그들이 궁극적으로 만들고자 했던 유토피아이기 때문이다.

마르크스는 공상적 사회주의를 넘어 과학적 사회주의를

제시하고 싶어 했다. 그러기 위해서 그는 자본주의 자체의 모순에 주목한다. 생산력은 높아지지만, 생산관계는 생산력과 조화를 이루지 못한다. 생산은 분업과 협동을 통해 점차 사회화되는데, 생산관계는 소수가 과도하게 소유하는 모순이 생겨난다. 그리고 마침내 새로운 생산관계로 변화하지 않으면 안 될 시점에 다다른다. 이제 생산수단이 사적 소유에서 공적인 소유로 전환되는 길밖에 없다. 점차 혁명의 잠재력이 높아진다. 그렇다면 혁명은 어떻게 일어날까?

1:99 사회에서 1의 소수가 99의 다수를 착취하고 있는 모순을 인식한 마르크스는 단결만이 모순을 해결할 수 있다고 말한다. "만국의 노동자들이여, 단결하라!" 99가 단결해서 1과 싸워야 한다. 그러면 "너희들이 잃을 것은 쇠사슬뿐이며, 얻을 것은 세계 전체이다."『공산당 선언』의 주장이다.

그런데 왜 99는 단결하지 못할까? 마르크스가 보기에는 99가 자꾸 분열된다는 데 문제가 있었다. 그래서 레닌 같은 혁명가는 어떻게 하면 99가 자기들의 위치를 깨닫고 단결할까를 집중 고민했다. 이때 중요한 것이 바로 전위 정당이다.

마르크스는 노동 해방을 통해 새로운 세상을 꿈꿨다. 하지만 그의 설계도면에 의해 만들어진 현실 사회주의는 또 다른 억압 체제에 불과한 것으로 판명되었다. 과연 사회주의는 노동 해방일까, 아니면 또 다른 지배자의 출현일까? 이에 대해 아래의 마르크스 일화는 하나의 대답을 제시한다.

마르크스에게 "저것이 가능하겠습니까? 마르크스주의자로서 말씀해 주세요."라고 했더니 "나는 마르크스다. 나를 교조화시키지 말라. 공산주의는 끊임없는 운동이고 완성된 어떤 것이 아니다."라고 하였다. 마르크스 이후의 혁명가들과 정치가들에게 남겨진 숙제이다.

함께 읽을 책

사회주의를 가장 쉽고 강렬하게 읽을 수 있는 책은 마르크스의 『**공산당 선언**』이다. 사회주의의 철학적·경제적 원리를 이해하기 위해 읽어야 할 책은 마르크스의 『**자본론**』이다. 하지만 이 책은 여러 권으로 구성될 만큼 양이 많고 내용 또한 매우 어렵다. 그래서 좀 더 쉽게 오늘날에 빗대어 읽을 수 있는 책인 『**휴버먼의 자본론**』(리오 휴버먼, 어바웃어북, 2011)을 추천한다.

열한 번째 마을_아이언빌리지

아이언빌리지의 사자는 이오시프 스탈린(Iosif Stalin, 1878~
1953)을 상징한다. 스탈린이 소련(지금의 러시아)을 철권으
로 통치했다는 점에서 그를 포악한 사자의 이미지로 그렸
다. 우화를 통해 스탈린을 비판한 책이 조지 오웰(George
Orwell, 1903~1950)의 『동물농장』이다. 아이언빌리지에 대
한 묘사는 『동물농장』에서 많이 끌어왔다.

　『동물농장』의 동물들은 존스라는 농장주를 쫓아내고 농
장의 새로운 강령을 정한다. 이 강령은 인간을 흉내 내는 것
을 금한다. 즉, 어떤 동물도 옷을 입어서는 안 되고 침대에서
잠을 자도 안 된다. 더 나아가 술도 마시면 안 된다. 왜냐하면
존스가 술을 마시고 동물들을 괴롭혔기 때문이다. 제일 중요
한 점은 농장의 모든 동물은 평등하다는 것이다.

　어느 날 돼지 메이저 영감이 죽는다. 그는 농장에서 제일
똑똑하고 현명한 동물로 레닌 혹은 마르크스를 상징한다. 스
탈린을 모델로 한 돼지 나폴레옹은 점차 독재자로 변하면서
강령의 내용을 '모든 동물은 평등하다고 했는데 일부 동물은
더 평등하다'라고 바꾼다. 그리고 '그는 항상 옳다'라는 강령

도 새로 만든다. 이는 공산당의 무오류성을 연상시킨다. '무오류의 공산당'은 스탈린이 반대파를 숙청할 때 사용되었다. 공산당은 항상 옳기 때문에 공산당을 비판하는 자들은 반역자들인 셈이다.

마르크스는 사회주의를 완성된 것이 아니라 끊임없는 운동이라고 했다. 그러나 레닌이 죽고 스탈린이 집권하면서 사회주의 운동은 멈춘다. 스탈린은 집권과 동시에 반대 세력을 전부 숙청했다. 그리고 영구혁명을 주장하는 트로츠키도 배척하면서 일국에서도 사회주의가 가능하다며 일국사회주의론을 주창한다. 이후 소련은 점차 스탈린 체제로 변모된다.

이 체제를 어떻게 평가할 것인가? 올랜도 파이지스(Orlando Figes, 1959~)는 천여 명의 인터뷰를 바탕으로 『속삭이는 사회』(2007)라는 책을 집필했다. 속삭이는 입에는 두 가지 의미가 있다. 권력에게 가서 속삭인다는 의미가 있고, 다른 하나는 민중들이 들킬까 봐 몰래 속삭인다는 의미이다. 이 책에 따르면 스탈린 체제는 결론적으로 모든 사람이 속삭이는 사회였다. 스탈린 앞에서는 속삭이며 아부한다. 그래야만 살아남기 때문이다. 우화에서 여우가 이런 모습을 보인다. 부르주아지를 상징하는 여우는 적극적으로 공산당에 가입해 권력에 계속 속삭인다. 다른 한편에서는 부르주아 시대에 자유를 누렸던 동물로서 지금의 모습은 자신의 본모습이 아니라고 새미에게 고백한다. 뒤를 돌아보니 여우와 다람쥐의 대화에 대해 다른 동물들 또한 속삭이고 있다.

이를 보고 유토피아적인 사회라고 이야기할 수 있을까? 마르크스에 따르면 개인의 발전이 모두의 발전의 전제가 되는 사회가 사회주의이다. 과연 개인은 스탈린 치하의 속삭이는 사회에서 자기의 발전과 자유를 누릴 수 있었을까? 현실 사회주의 국가는 노동자의 국가였을까, 아니면 노동자에 군림하는 관료의 국가에 불과했을까, 아니면 이도 저도 아닌 발전주의 국가, 국가 자본주의 사회였을까?

사회주의라는 이상과 현실의 사회주의를 분리해서 평가해야 한다는 주장이 있다. 사회주의라는 이상이 구체적인 현실에서 실패했다고 해서 사회주의 이상 자체가 실패한 것은 아니라는 입장이다. 속삭이는 사회에서 주민들이 모여 토론하고, 권력에 이를 관철할 수 있었다면 속삭임은 변화의 원동력이 될 수도 있지 않았을까? 문제는 스탈린의 속삭이는 사회에서는 아부하는 속삭임과 숨어서 자기들끼리 하는 속삭임만이 존재했다는 점이다.

함께 읽을 책

이념으로서의 사회주의를 현실에서 완성하고자 시도한 것이 레닌이라면 스탈린은 혁명 이후에 이것을 구체적으로 실현했다. 조지 오웰이 우화의 형식을 빌려 스탈린의 사회주의 국가를 비판한 책이 바로 『**동물농장**』이다. 이 책은 일차적으로는 스탈린을 비판하고 있지만, 여기서 확장하여 모든 권력 일반에 대한 비판을 담고 있는 정치 교본이다. 영국의 역사학자 올랜도 파이지스의 『**속삭이는 사회**』(교양인, 2013)는 스탈린 체제 아래 살아가는 보통 사람들의 삶, 내면, 기억의 모습을 담았다. 전체주의화된 스탈린 독재의 모습을 이해하는 데 좋은 길잡이가 될 것이다.

열두 번째 마을_웰페어빌리지

웰페어빌리지의 비버는 영국의 경제학자 윌리엄 베버리지(William H. Beveridge, 1879~1963) 또는 인도 출신의 경제학자 아마르티아 센(Amartya Sen, 1933~)을 상징한다. 비버가 제방을 쌓아 홍수를 막듯이 보편적 복지를 주장하는 베버리지와 센은 공공정책을 지지한다는 점에서 비버와 유사하다. 특히 비버는 베버리지와 이름마저 비슷한 느낌을 준다.

새미는 비버를 만나 놀라운 광경을 접한다. 나미비아 동물들이 기본소득을 획득하면서 변화하는 모습을 목격한 것이다. 우화 속 나미비아는 기본소득 실험이 실제 진행된 남아프리카 나미비아의 작은 시골 마을을 모델로 하였다. '오치베라 오미타라'라는 이름의 이 마을은 문맹률은 물론 알코올 의존도가 높고 남성들은 거의 일하지 않았다. 이를 해결하기 위해 2008년부터 2년간 시민단체에서 모금한 돈으로 나이와 성별에 상관 없이 모든 마을 사람들에게 인간으로서 최소한의 품위를 지킬 수 있도록 기본소득을 주었다. 그러자 놀랍게도 1년이 지나고 나니 극빈율이 76%에서 37%로 감소하였다. 기본소득으로 술을 사 먹을 것이라는 우려와 달리 이들은 수레를 사고 제빵기계를 사서 장사를 하기 시작했다. 그러자 시장이 살아나고 아이들이 학교를 가기 시작했다. 학교에 안 가는 아이들의 비율도 80%에서 20%로 크게 줄었다. 이 실험으로 인간은 조건만 갖추어진다면 자신의 잠재력을 발휘하는 존재임을 확인할 수 있다.

센은 인간의 무한한 잠재력을 믿었다. 그리고 이것을 어떻게 발휘할 수 있을까를 고민했다. 그런데 이 잠재력을 개발할 수 있는 기회를 상실하게 만드는 것이 바로 빈곤이다. 그는 인간의 잠재력 발휘에 빈곤이 장애가 되지 않도록 여건을 만들어 주는 것이 정의라고 주장하고, 이를 위한 정책을 제안한다. 보편적 복지정책을 통해 불평등과 계층화 수준을 가능한 한 낮추고, 인간적 삶을 위해 꼭 필요한 의료, 교육 등이 기본적으로 주어지도록 했다. 정책을 통해 불평등을 줄이는 동시에 기본소득을 제공해서 소득 결핍을 해소하니 인간의 잠재력은 극대화되었다.

　그는 한 국가의 경제 수준을 가늠하는 지표로 널리 쓰이는 1인당 국내총생산(Gross Domestic Product, 이하 GDP)은 평균 총생산량을 표시할 뿐이지 불평등이나 상대적 빈곤을 측정할 수 없다고 보았다. 그래서 새로운 지표인 인간개발지수(Human Development Index, 이하 HDI)를 제시하였다. HDI는 기대수명, 교육 수준, 소득 수준을 포함한다. 이것을 통해 평가해 보니 1인당 GDP가 세계 24위였던 노르웨이가 HDI에서는 1위가 되었다. GDP는 10위였던 인도가 HDI는 146위로 하락하였다. 센은 HDI야말로 인간의 잠재력을 발굴해 낼 수 있는 지표라고 생각하였다. 그래서 이 지표로 한 사회를 평가하고 이에 준해 한 사회의 정책 방향, 나아가 문명 수준을 만들어야 한다고 주장한다. 센이 개발한 HDI는 현재 국제연합에서 이용되고 있다.

하지만 오늘날 보편적 복지국가도 비판에서 자유롭지 못하다. 지속적인 성장을 전제로 하고 남성의 소득에 기반하는 경향이 있는 보편적 복지국가가 과연 정의로울까? 특히 현재 서유럽의 보편적 복지국가들이 자꾸 보수화되어 가고 있다. 외국인 이민자들에 대해 배타적 입장을 가지면서 과연 연대나 정의를 실현할 수 있을까?

함께 읽을 책

복지국가의 설계도면으로는 일명 '베버리지 보고서'로 불리는 『**사회보험과 관련 서비스**』가 있다. 이 보고서의 번역서는 최근 두 출판사에서 출간되었다. 복지국가의 모습을 쉽게 접할 수 있는 책으로는 『**미국에서 태어난 게 잘못이야**』(토머스 게이건, 부키, 2011)가 있다. 복지국가를 정의론의 관점에서 접근한 책으로는 센의 『**정의의 아이디어**』(지식의날개, 2019)를 권한다. 다소 두껍기는 하지만 센의 정의론의 진수가 담겨 있다. 이 책이 어렵다면 『**센코노믹스: 인간의 행복에 말을 거는 경제학**』(갈라파고스, 2008)을 읽어 보기 바란다.

닫는 장: 무지개 소녀의 깨달음

새미와 미카엘라 요정은 60년 만에 다시 만난다. 이제 새미는 정의가 외부가 아닌 자기와 자기 주변에 있다는 것을 깨닫는다. '오즈의 마을'이라는 이름에서 사기꾼임이 드러난 오즈의 마법사만 떠올렸다면 이런 고생을 하지 않아도 되었을 터인데!

새미는 가족과 마을의 동물들이 궁금해졌다. 몸은 잘 따라 주지 않는데 마음만 급하다. 주목할 점은 요정이 마을을 향해 "느리지만 꾸준히 걷고 있었다."는 대목이다. 이것은 요정도 이제 눈가리개를 벗고 정의를 찾기 위한 여정을 시작했음을 의미한다. 아마도 이 둘은 지금 마을의 존경받는 어른으로 살아가고 있을 것이다.

자신의 공간에서 정의를 찾는다는 발상은 소설 「큰바위 얼굴」(너새니얼 호손, 1850)에서 착안했다. 주인공 어니스트는 큰바위 얼굴을 한 사람을 기다리다가 자기가 큰바위 얼굴이 된 것을 깨닫는다. 생각해 보면 우리 또한 주변에 소중한 사람들이 많고, 그들과의 대화에서 정의를 고민할 수 있음에도 먼 곳의 학자나 정치가 또는 시인이 정의를 이야기해 주지 않나 해서 인문학 쇼핑을 다니고 있는지도 모른다.

정의는 인정투쟁이다. 인간이 무엇인지, 인간다움의 조건
이 무엇인지, 인간다운 관계가 무엇인지를 놓고 끊임없이
관계와 공동체 속에서 묻고 토론하고, 정의하기를 반복하
는 과정이다. 이는 게오르크 헤겔(George Wilhelm Friedrich
Hegel, 1770~1831)의 정반합의 변증법 과정으로 설명할 수
있다. 옳은 것에 대한 비판이 생겨 이 둘이 다툼을 벌이는 과
정에서 새로운 합이 만들어진다. 이 합에 또 비판이 생기고
또 경합하고 갈등하면서 새로운 합이 생성된다. 이 과정은
반복된다.

헤겔은 『정신현상학』에서 주인과 노예의 변증법을 소개
한다. 정(正)은 주인과 노예의 상태이다. 주인은 노예가 자기
를 주인으로 인정하는 한에서만 주인이 된다. 그런데 "내가
주인이고 너는 노예이니까 넌 내 말대로만 해!"라고 주인이
말할 때 "차도 내가 만들고, 집도 내가 만들고, 음식도 다리
도 내가 만들었는데 왜 내가 노예이고 네가 주인이 되는 거
지?"라며 노예가 부당함을 깨닫는 순간 반(反)이 된다. 처음
에는 주인이 "내가 주인인데 복종 안 해?" 하며 강압적인 모

습을 보인다. 이를 테면 소설 『로빈슨 크루소』(대니얼 디포, 1719)에서 로빈슨 크루소가 섬 원주민을 만났을 때의 모습이 이에 해당한다. 로빈슨 크루소는 "나는 주인이고, 금요일에 만났으니 네 이름을 프라이데이라고 하자."라며 노예에게 제대로 된 이름을 주지 않는다. 하지만 노예는 주인보다 생존 능력이 뛰어나다. 직접 노동을 하며 사물의 이치를 익히고 적응하기 때문이다. 그래서 주인은 점차 노예를 회유하려 한다. "우리 와인이나 한잔 하자."며 온건하고 친근한 태도를 보이며 노예에 대한 통치 전략을 바꾼다. 그러던 어느 날 노예가 "그 와인 네가 가져와라."라고 말하며 역전이 되는 순간이 온다. 이것이 바로 주인과 노예의 변증법이다.

『로빈슨 크루소』를 패러디한 미셸 투르니에(Michel Tournier, 1924~2016)의 소설 『방드르디, 태평양의 끝』(1967)에서는 주인과 노예가 뒤바뀐다. 여기서 '방드르디'는 불어로 금요일을 뜻한다. 초기 노예였던 방드르디에게서 로빈슨 크루소는 많은 것을 배우고 결국 서구 중심적인 사고를 버린다.

헤겔의 변증법에서 최후 단계는 동등해지는 것이다. 내가 진짜 주인이 되려면 내가 존중하는 사람으로부터의 인정이 필요하다. 로빈슨 크루소와 프라이데이의 관계는 불평등했지만 로빈슨 크루소와 방드르디의 관계는 동등하다. 이처럼 역사에서 맨 마지막에 자신의 정체성을 완성하려면 주인과 노예가 동등해지는 것이 필요하다.

헤겔은 "주인과 노예가 있는 불평등한 상황에서는 정의롭지 못할 것이다."라고 말한다. 정의라는 것은 어쩌면 주인과 노예의 변증법처럼 끊임없는 투쟁의 역사, 갈등의 역사일 수 있다. 이후 악셀 호네트(Axel Honneth, 1949~) 등 인정투쟁 론자들은 헤겔의 주인과 노예의 변증법을 기반으로 "정의라는 것은 끊임없는 갈등의 과정을 통해서 내가 인정받는 과정"이라고 주장한다.

정의는 나 그리고 나와 함께 살아가는 또 다른 나인 타자가 인간다운 세상을 만들려는 과정에서 끊임없이 변화한다. 인간은 호기심과 새로운 발견, 비판과 성찰, 더 나은 나와 공동체를 만들려는 의지와 희망을 통해 역사를 창조하고 또 재창조하려고 한다. 이 여정은 어제 확정했던 정의를 오늘 다시 의심하고, 오늘 확정한 정의를 내일 또다시 의심하고 비판하는 과정이다. 이처럼 정의는 고정돼 있는 것이 아니라 끊임없이 살아 움직인다. 정의를 정의하는 과정에서 소수의 힘 있는 사람만 주체가 되어서는 안 된다. 그 과정을 소수가 독점하면 정의는 강자의 이익을 대변하게 된다. 진정한 정의는 모든 사람들이 세상을 읽고, 세상을 만드는 주인공이 될 때 생겨난다.

우리 또한 새미처럼 있지도 않은 정의를 찾아서 오늘도 멀리 돌아다니고 있는 것은 아닌가? 정의는 사실 내 안에, 내 주변에 있는 것은 아닌가? 이제라도 나와 나를 둘러싼 세상을 성찰하고, 친구들과 함께 세상에 대해 물으며 우리의 정의를 찾아야 하지 않을까.

함께 읽을 책

변증법의 원조는 헤겔의 『**정신현상학**』이다. 하지만 무척 어렵다. 대니얼 디포의 소설 『로빈슨 크루소』에서 주인(로빈슨 크루소)과 노예(프라이데이)는 그 관계가 명백하다. 하지만 프랑스 소설가 미셸 투르니에의 『**방드르디, 태평양의 끝**』(민음사, 2003)에서는 둘의 관계가 역전된다. 이 책은 『로빈슨 크루소』를 뒤집어 다시 쓴 소설이다. 이 두 권의 책을 주인과 노예의 변증법의 시선으로 살핀다면 흥미롭게 읽을 수 있다. 주인과 노예의 변증법을 인정투쟁이라는 맥락에서 이해한다면, 독일 철학자 악셀 호네트의 『**인정투쟁**』(사월의책, 2011)을 읽을 것을 권한다. 이 책은 사회 인정을 목표로 하는 인정투쟁의 이론을 잘 정립하고 있다.

3. 우화 속 등장 동물과 상징 인물

등장 동물	특징	상징 인물
다람쥐 소녀 새미	부모님과 장애를 가진 동생을 가족으로 둔 호기심 많은 초등학교 저학년 학생이다. 책 읽기를 좋아하고 옳음(정의)에 대해 늘 생각한다. 새미라는 이름은 '샘'의 연음 표현이다. 새미는 지혜와 호기심의 샘을 의미한다. 요정이 준 무지개를 타고 다녀 무지개 소녀라고도 불린다.	정의에 대해 궁금증을 갖는 시민 누구나
미카엘라 요정	원래 미카엘은 하나님의 군대를 이끌고 사탄과 싸우는 대천사이다. 우화에서는 요정을 여성으로 표현하기 위해 미카엘의 여성형인 미카엘라로 명명했다. 미카엘라 요정은 오즈의 마을 한가운데 있는 깊은 숲속에 산다. 요정은 정의의 여신 디케와 오즈의 마법사를 상징한다.	디케 & 오즈의 마법사
돼지, 두더지, 양, 닭, 소	열심히 일하는 민중으로 때로는 지배자를 비판하거나 지배자에게 저항하기도 한다.	생산자 계급
셰퍼드	이데아빌리지의 수호자 계급이며, 아이언빌리지를 지킨다.	수호자 계급
여우	기본적으로 상층 계급에 속한다. 돈, 권력, 지식을 갖고 있다. 오즈의 마을에서는 부자이고, 이데아빌리지에서는 통치자인 철인이다. 쇼핑몰빌리지에서 자본을 옹호하는 이론가라면, 사회주의인 아이언빌리지에서는 몰락한 자본가이다.	자본가, 통치자 계급, 로버트 노직

등장 동물	특징	상징 인물
코뿔소	어깨가 떡 벌어진 건장한 신체와 지혜를 갖고 있다. 이데아빌리지를 설계하고 운영한다.	플라톤
표범	고독한 영혼을 지닌 남자를 상징하는 킬리만자로의 표범이다. 현실에서 모습을 잘 드러내지 않으며 이상 사회를 제시한다.	토머스 모어
사슴	고고하고 매우 윤리적이다. 이웃에 대한 믿음을 갖고 도덕적인 사회를 꿈꾼다.	이마누엘 칸트
너구리	현실 타협적이고 능청스럽다. 최대 다수의 최대 행복을 주장하며 다수를 위해서라면 소수를 희생할 수 있다고 믿는다.	제러미 벤담
고양이	개인의 합리적인 판단을 중시한다. 경쟁이 좋은 사회를 만들 수 있다고 믿는다.	애덤 스미스
하이에나	경쟁에 대한 강한 신념을 갖고 있다. 정당한 경쟁을 거친 결과라면 불평등도 공정하다고 믿는다.	프리드리히 하이에크
기린	멀리, 길게 보는 성향이 있다. 모두에게 공정한 결과를 가져오는 절차에 관심이 많다.	존 롤스
거위	함께하는 공동체를 꿈꾼다. 모두가 공동체를 믿고 따르면 좋은 공동체가 될 것이라고 믿는다.	마이클 샌델
고릴라	헌신적인 가부장적 아버지처럼 민중을 포용하고 책임지려 한다.	로버트 오웬
시베리안 허스키	강한 체력과 의지를 갖고 있으면서도 지적이고 민중과 친화적이다.	카를 마르크스
사자	강력한 힘을 바탕으로 철권 정치를 한다. 약자를 매우 권위적으로 대한다.	이오시프 스탈린
비버	댐을 쌓아 공동체를 구하려고 한다. 똑똑하고 부지런하고 성실하다.	윌리엄 베버리지, 아마르티아 센

4. 이 책의 독자이자 토론하는 벗에게

이 책의 출발점은 한국방송통신대학교 사회복지학과 TV강의인 〈사회복지정의론: 정의는 정의로운가〉를 촬영하는 과정에서 만든 정치우화 형식의 애니메이션 대본이다. 자칫 생소하고 어렵게 느낄 수 있는 '정의의 관점에서 사회복지 바라보기'를 학생들이 좀 더 쉽게 할 수 있도록 하기 위해 애니메이션을 구상했다. 이 강의 전체 내용을 바탕으로 한국방송통신대학교출판문화원이 낸 책이 『사회복지정의론』(2019)이다. 이 책의 해설 부분은 『사회복지정의론』을 참조했다.

애니메이션 대본 상태였던 우화는 대중 강의와 공연을 통해서도 다듬어졌다. 〈정의는 정의로운가〉라는 제목으로, 2018년 안산온마음센터에서 안산 시민을 대상으로 총 네 번의 강의가 이루어졌다. 이때 청중의 질문과 반응을 기반으로 우화의 내용을 다듬었다. 특히 '협동조합 마중물 문화광장'에서 활동하는 마중물 인형극단 '상상톡톡'이 이 내용을 토대로 〈정의를 찾아 떠나는 다람쥐 소녀 새미의 모험〉이라는 인형극을 공연했는데, 이 과정에서 어린이들도 함께 읽을 수 있겠다는 확신을 얻었다.

이 책은 '생각하는 시민을 위한 정치우화' 시리즈의 첫 책으로, 정의가 무엇인지 따져 묻는다. 이번에 내는 개정판에서는 우화의 내용을 다듬고, 책의 외양을 시리즈 후속 도서들과 통일하였다. 해설도 초판 출간 후 독자들이 제기해 온 질문에 대한 답을 추가하는 등 논점을 더욱 명료하게 하였다. 이 책의 후속작으로 민달팽이를 주인공으로 인권을 다룬 정치우화 『이상이 일상이 되도록 상상하라』, 두더지를 주인공으로 자본주의 역사를 다룬 『세상을 묻는 너에게』가 출간되었다. 두 우화를 이끄는 동물인 민달팽이와 두더지는 우리 사회의 가장 취약한 존재를 대변한다. 민달팽이는 집도 없고, 징그러운 외모에, 느린데다, 암수동체이다. 굴을 파는 습성을 가진 두더지는 산업화 초기의 광부에 비유할 수 있고, 지하에 산다는 점은 반지하방에 사는 도시 빈민을 연상시킨다. 열심히 일하지만 삶이 나아지지 않는다는 점 역시 오늘날 노동자들의 상황과 유사하다. 필자는 현재 물고기를 주인공으로 노동에 관한 네 번째 정치우화를 준비 중이다. 민주주의와 시민 축제(토론)도 시리즈로 함께 다룰 계획이다.

정의, 인권, 자본주의 역사, 노동, 민주주의, 토론은 시민교육의 핵심 주제이다. 즉, 이 시리즈는 '민주시민교육'을 겨냥하고 있다. 그렇다면 왜 우화인가? 우화라는 형식이 딱딱하고 어려운 주제를 쉽고 재미있게 만들어 주기 때문이다. 어린이부터 어른까지 누구나 볼 수 있는 것도 우화의 큰 장점이다. 부디 이 시리즈가 민주시민교육을 위한 교재로 어린이철학교실을 매개하고, 아이와 엄마가 함께 참여하는 시민토론 광장을 만드는 데 밑거름이 되길 희망한다.

이 책은 단순히 정의론자들의 철학을 알려 주는 차원을 넘어서서, 비판을 통해 이들 철학의 정당성에 의문을 제기한다. 유명한 철학자들의 질문에 대한 질문! 이를 통해 독자들이 철학하는 방법을 알게 하는 것이 이 책의 목적이다. 정의는 발견하는 것이 아니라 끊임없이 묻는 것이고, 질문을 통해 정의를 찾는 과정이 얼마나 재미난 일인지를 독자들이 경험하길 바란다.

책이라는 건축물은 혼자만의 노력으로 완성되지 않는다. '시민교육과 사회정책을 위한 마중물'(이하 사단법인 마중물)

은 2009년부터 매 학기 '마중물 세미나'를 진행했다. 이때 참여한 마중물 회원들이 이 책의 협력자들이다. 대중 강의 〈정의는 정의로운가〉에 참여한 안산의 시민들도 귀중한 기여자들이다. 특히 시민들의 자발적인 참여로 만들어진 마중물 인형극단 상상톡톡 단원들과 인형극 공연을 위해 토론했던 과정이 이 책의 진전에 큰 기여를 했다. 누구보다 감사한 분들은 한국방송통신대학교 사회복지학과 학생들이다. 이들과 함께 토론하는 과정을 TV 강의에 담는 새로운 시도를 하지 않았다면 이 책은 세상에 나오지 않았을 것이다.

아이디어는 장인의 손을 거쳐 가시적인 구조물이 된다. 유기훈 작가의 우아하면서도 따뜻한 그림이 없었다면 이 책에 대한 자신감이 반감되었으리라. 진심으로 감사드린다. 글과 그림을 묘합하여 하나의 작품으로 만든 공미경 디자이너, 개정판의 우화 내용을 더욱 아름답게 만들어 준 이영은 편집자에게 감사한다. 함께 협력해 주었기에 품위 있는 책이 가능했다.

이 책은 협동조합 마중물 문화광장이 설립한 출판사 마북의 첫 아이이다. 이 책이 호평을 받는다면 노심초사하며 애

쓴 김민하 대표 덕분이다. 필자는 사단법인 마중물의 이사장과 협동조합 마중물 문화광장의 이사로서 시민들의 차이가 편안히 드러나는 광장을 열 출판사 마북의 성장을 기원한다.

큰딸 영후와 막내딸 석영과도 출간의 기쁨을 나누고 싶다. 특히 석영이는 마이클 샌델의 『정의란 무엇인가』를 함께 강독할 때, 출간 전인 이 책의 원고도 함께 읽으며 토론했다. 이 과정에서 중고등학생 눈높이에서 원고를 다듬을 수 있었고, 샌델의 책과 이 책을 교재로 하는 〈중고생을 위한 정의론 특강〉을 상상하게 되었다.

이 책은 대한출판문화협회가 선정하는 '2020년 올해의 청소년 교양도서', 한국출판문화산업진흥원이 주관하는 '2020년 세종도서(교양부문)'로 선정되었다. 전국의 많은 초·중·고등학교와 도서관, 서점에서 이 책을 토론의 매개로 삼고 있다. 한 초등학교의 6학년 3개 학급에서는 이 책을 슬로리딩의 교재로 삼아 1년 내내 학생들과 읽고, 지역 주민들과 슬로리딩 캠프도 열었다. 또한 인천광역시교육청은 이 책을 기반으로 중학교 인정교과서 『시민과 사회 정의』를 출간했다. 마중물과 함께하는 전국의 학습동아리들이 이 책을 중심으로

'상상북축제'라는 시민 토론회를 진행하고 있다. 감동적이면서도 무거운 책임감을 느낀다.

이 책이 나와 나를 둘러싼 공동체에 대한 토론과 더 많은 광장의 마중물이 되길 기대한다.

이 책과 함께하는 사람들

마중물
마중물은 '시민교육과 사회정책을 위한 마중물'을 줄여 부르는 말이다. 시민들이
자기 목소리를 갖도록 돕고, 시민 중심 정책을 제안하기 위해
2009년에 출범했다. 시민들과 '마중물 세미나'를 하고, 시민교육 전문가와
정책 전문가를 지속적으로 키우고 있다. 노인이 주체적인 시민이 되는
'선배시민론'을 만들고, 인권, 노동, 지방정치, 사회복지 분야에서 다양한 정책을
제안하고 있다. www.waterforchange.co.kr

마샘
마샘은 '마중물 문화광장 샘'의 줄임말이다. 마중물이 만든 샘, 마르지 않는 샘,
마중물 선생님이라는 의미를 담고 있다. 서점, 세미나실, 강의실, 카페 등으로
구성되어 있으며, 시민들이 나와 동료 그리고 공동체를 만날 수 있는 광장이
되고자 한다.

마디
마디는 '마중물 미디어센터'의 줄임말이다. 사단법인 마중물의
시민교육 및 사회정책 관련 콘텐츠를 시민들과 공유하기 위해 만들었다.
유튜브의 '마중물TV'(www.youtube.com/@TV-dc7ui)를 운영한다.

마북

마북은 마중물BOOK세상, 마법 같은 책세상, 새로운 세상을 마중하는
책공방 등을 뜻한다. 생각하는 시민들이 함께 사회를 바꾸는 데 필요한 책을
만들고자 한다. www.mabook.co.kr

정의를 찾는 소녀

초판 1쇄 발행 2020년 2월 25일
초판 3쇄 발행 2023년 7월 30일
개정판 1쇄 발행 2024년 4월 10일
지은이 유범상 **그린이** 유기훈 **펴낸이** 김민하
펴낸곳 (주)마북 **등록** 제353-2019-000023호(2019년 10월 24일)
인천시 남동구 장아산로 174번길 15, 3층
전화 070-8744-6203 팩스 032-232-6640
홈페이지 www.mabook.co.kr 이메일 mabook365@gmail.com

편집 이영은 **디자인** 공미경 **인쇄** 한영문화사 **제책** 대원바인더리

ISBN 979-11-981387-4-3 04300   979-11-981387-1-2(세트)